AF330338

LA MONOGAMIE,

OU

L'UNITÉ

DANS LE MARIAGE;

OUVRAGE

Dans le quel on entreprend d'établir, contre le préjugé comun, l'exacte & parfaite conformité
des trois loix, de la Nature, de Moïse,
& de Jesus-Christ, sur ce sujet,

PAR

M. DE PRÉMONTVAL.

Dédié aux DAMES par son Epouse.

TOME PREMIER.

A LA HAYE,

Aux frais de L'Auteur,
Et se trouve chez PIERRE van CLEEF,

MDCCLI.

EPITRE DEDICATOIRE.

AUX

DAMES,

PAR

L'EPOUSE DE L'AUTEUR.

MESDAMES,

VOICI un ouvrage, où les droits de notre sexe sont deffendus par les armes de la vertu & de la probité, aussibien que par celles de la religion. A quelle protection pouroit-il aspirer à plus juste titre qu'à la vôtre? C'est le motif, MESDAMES, *qui enhardit*

l'au-

* 2

l'auteur à prendre la liberté de vous l'ofrir ; & sa modeste timidité lui persuade, qu'il est plus décent que ce soit par l'entremise, ou plûtôt par le ministere de son épouse. Agréez les assurances de son profond respect, & de celui avec le quel j'ai l'boneur d'é-tre en mon particulier,

MESDAMES,

Votre très-humble & très-obéissante servante,

M. V. PIGEON D'OSANGIS,
Femme DE PRÉMONTVAL.

DIS-

DISCOURS

PRELIMINAIRE.

QUATRE chefs, fur chacun defquels on ne peut fe difpenfer d'entrer dans quelque détail ;

1°. Le but de cet ouvrage ;

2°. La forme qu'on lui a donée ;

3°. L'ocafion qui l'a fait naître ;

4°. L'expédient, auquel on a été confeillé d'avoir recours, pour le rendre public ;

C'eft ce qui oblige à faire ici les frais d'une préface, dépenfe très fouvent perdue pour les auteurs,

I.

On fe propofe deux objets fort diférens, dont l'un eft fenfible dans toute la fuite de l'ouvrage, & l'autre ne fe manifefte qu'à l'inftant de la conclufion.

 Le

Le but qui se présente le premier, & qui demeure le plus lontems sous les yeux, c'est *la Monogamie*, ou *l'Unité dans le mariage*, article, sur le quél on s'engage *à établir contre le préjugé comun*, & cela d'une façon démonstrative, *la plus exacte & la plus parfaite conformité entre les trois loix, de la Nature, de Moïse, & de Jesus-Christ*, selon ce que le titre anonce.

On demandera quelle est l'utilité de cette entreprise, l'usage contraire n'étant pratiqué nule part où ce livre puisse espérer sans doute de rencontrer des lecteurs. Seroit-ce de mettre en sureté les prérogatives & les droits de nos Dames Européennes? La religion, & la coutume plus puissante encore, y pourvoyent de reste, beaucoup mieux que tous les écrits imaginables.

Ce n'est pas non plus le fruit qu'on atend, ni qu'on voudroit atendre, de son travail. Que le ciel préserve un sexe aimable d'avoir besoin de cet apui! On ne laisse pas cependant de se flater, que ce sexe de qui dépend, come de raison, la fortune des ouvrages qui le concernent, aura quelque lieu d'être satisfait de celuici. Sa cause y est soutenue avec zelé; *& le public n'aura pas de peine assurément à* y reconnoître un auteur, dont une femme a dirigé la plume, ainsi qu'on l'anonçoit il y a déja plus de dix-huit mois, dans une ocasion qu'on en a eue. (*)

Quand un sujet est bien traité, dès-lors il est sufisament utile ; s'il l'est mal, il n'y a plus de question à faire.

C'est donc à la lecture de cet ouvrage qu'on auroit droit de renvoyer ceux qui paroissent s'inquiéter si fort sur l'usage dont il peut être. Que si pourtant quelqu'un exigeoit qu'on lui énonçât une utilité particuliere, la chose ne seroit pas bien dificile. Il n'y a qu'à dire, que c'est de renverser de fond en comble trois redoutables objections contre le christianisme, qui depuis lontems ont été pressées avec beaucoup de force, de la part des incrédules.

Les uns ont reproché à la nouvelle loi, l'interdiction de la poligamie.

D'autres ont fait d'aussi vifs reproches

à

____

(*) Dans les *Mémoires de l'auteur.* L'extrême foiblesse de sa vue le mettant hors d'état de tenir la plume, presque tout cet ouvrage, aussi bien que quelques autres, a été écrit sous sa dictée par son épouse ; motif d'indulgence, à ce qu'il espere, de la part du lecteur équitable, pour les inexactitudes qui ne peuvent manquer de s'y trouver en fort grand nombre.

à l'ancienne, d'une prétendue tolérance de cet ufage.

Les uns & les autres n'ont pas manqué, de relever l'aparente contradiction des deux loix, fur un article fi important.

On ofe fe promettre qu'il ne reftera bientôt plus l'ombre de ces dificultés fi rebatues. C'eft déjà quelque chofe fans doute. Néamoins ce n'eft encore que le moindre fervice qu'on fe foit flaté de rendre à la religion, & tout d'un tems à la fociété. Le point le plus confidérable eft celui qu'on a réfervé pour la conclufion. Mais quel il eft; c'eft fur quoi l'on ne juge point à propos de s'expliquer pour le préfent. Il faut que le premier but bien rempli, done quelque droit de prétendre au fecond. On fe rendroit ridicule de laiffer entrevoir où l'on tend, lorfque le premier pas de l'entreprife eft lui-même fufpect de témérité & de préfomption.

II

Quant à la forme de cet ouvrage, il eft *très effentiel* de remarquer que ce n'eft point l'auteur qui parle, ni qui eft réputé parler, d'un bout à l'autre, fi ce n'eft au moment de la conclufion où il paroit,

&

& tire les conséquences qu'il a principalement en vue. Jusques-là, à quelques
notes & quelques éclaircissemens près de
tems à autre, le tout est conduit par trois
personages d'humeurs & de caracteres fort
diférens. L'auteur a tâché de les opoſer
entr'eux, & de ménager les choſes de façon, que l'intérêt alât toûjours en augmentant de chaleur & de vivacité juſqu'à la fin : ce qui ne ſera pas aparemment le moindre mérite de ſon ouvrage,
s'il a eu le bonheur de réuſſir.

Le premier acteur, ou celui qui ou-
vre la ſcene, est ARISTE; le meilleur
home du monde, ſelon ce que ſignifie
ſon nom, & le mieux intentioné, mais
dont le caractere doux est un peu foible,
& les lumieres aſſez bornées. Plein d'un
ſincere reſpect pour la poligamie, qu'il
eſtime, & très utile à la ſociété, & fortement autoriſée par l'ancienne loi, il ne
s'amuſe point à prouver des choſes ſi claires. Tous ſes efforts regardent le nouveau teſtament. Il a cru découvrir que
Jeſus-Chriſt ni ſes apôtres n'y proſcri-
voient nule part, un uſage qui outre ſes
avantages inconteſtables a pour lui l'autorité de toute l'ancienne loi. Il conclut
de-là que c'est à tort que les états chrétiens s'acordent à le rejetter ; & comme

il

il ne manque point d'efprit, on doit convenir qu'il met fa thefe dans un jour des plus heureux. C'eft le fujet de huit lettres qu'il adreffe à fon ami EUDOXE, en le conjurant de lui dire avec franchife ce qu'il en penfe.

Eudoxe eft un tout autre home que le précédent. (*) Incomparablement plus éclairé, & avec d'auffi bones intentions, il eft plein de feu & de véhémence. Solide dans fes raifonemens, preffant, acablant même dans la maniere dont il les expofe, il ne mérite gueres dumoins à ce qu'on fache, d'autre reproche, que d'aler quelquefois jufques bien près de la dureté. C'eft un tonerre, un foudre, qui écrafe, brife, diffipe tout ce qui fe trouve fur fon paffage. La plûpart des lettres qui fuivent jufqu'à la fin,

---

(*) Ce que l'on va lire ne fignifie autre chofe, fi non que dans le deffein de l'auteur, Eudoxe relativement à Arifte, eft tel qu'il eft peint ici : s'il eft tel en foi, c'eft au lecteur à en juger. Tous les auteurs qui ont employé l'entremife des perfonages feints ou réels, n'ont pas manqué de faire d'abord de ces perfonages des portraits avantageux, fans qu'on puiffe dire que ce foit des éloges qu'ils ont prétendu fe doner à eux-mêmes par cette voie-là. Quelque déraifonable que fût l'imputation, il n'eft que trop vrai pourtant qu'il n'eft pas inutile de la prévenir.

fin, au nombre de quarante, font de lui; & c'eft ce qui compofe, à proprement parler, le corps de l'ouvrage, dans le quel Arifte, mis hors de combat prefque dès l'abord, ne fait plus que propofer quelques doutes, ou rendre les dificultés d'un tiers.

Le contrafte des deux amis a quelque chofe qui doit ne pas déplaire, fi l'on ne fe trompe. Mais on a fenti qu'il étoit à propos d'opofer à l'ardeur impétueufe d'Eudoxe, des obftacles plus propres à la mettre en jeu que le très pacifique Arifte. C'eft ce qu'on a fait dans la perfone d'un bel efprit INCRÉDULE, qui n'eft défigné que par ce titre dont il n'afecte aucun miftere. Celui-ci n'écrit point; mais Arifte qui eft en quelque forte de liaifon avec lui, rend fes raifonemens à Eudoxe. Quels raifonnemens! Son caractere eft du dernier odieux, & l'on verra qu'il le faloit tel, pour amener certains principes des libertins, dont un honête home auroit honte de faire ufage. D'ailleurs il eft de régle de peindre *tous* les incrédules de ces couleurs, pour fonder les épithetes qu'on leur prodigue. L'auteur n'a eu garde de ne point doner à fon ouvrage cette touche du naturel. La véhémence d'Eudoxe & la douceur du pacifique

cifique Arifte, en reviennent prefqu'au
même à cet égard. Auffi faut-il avouer
qu'il y a lieu, & que cependant le caractere n'eft point outré: bienloin que ce foit
une idée de peintre, on reconoitra que
les modeles n'en font au contraire que
trop comuns.

De ces trois perfonages Eudoxe eft
fans contredit le principal, & celui dont
l'auteur eft le plus près d'adopter les fentimens. C'eft lui qui amene le fujet pré-
liminaire au point de la démonftration
la plus complette. Les deux autres n'y
font que pour repréfenter les adverfaires,
foit *chrétiens*, foit *incrédules*, qui fe rencontrent également fur cette route. Mais
quand il a falu tirer les conclufions, cet
Eudoxe lui-même avec tout fon zele n'a
plus paru y être propre. Des préjugés
qui lui reftent, s'y opofoient; & fa véhémence un peu trop impétueufe eut tout
gâté. Outre cela l'auteur a cru que dans
l'endroit de fon ouvrage le plus délicat,
il étoit du point d'honeur, mais d'un point
d'honeur fenfé & raifonable, de paroître à vifage découvert, comme un home qui ne craint point d'anoncer ce qu'il
fait être une vérité, & une vérité très importante. C'eft ce qui l'a déterminé à fe
charger de ce dernier article, qui fera
traité

traité en forme de discours fuivi, & non, fous celle de lettres comme ce qui précede.

I I I.

Peut-être que le lecteur ne fera pas faché d'aprendre, par quelles métamorphofes l'ouvrage qu'il a entre les mains, a paffé depuis le tems de l'entreprife, lequel remonte affez haut. Du-moins eſt-il fûr qu'il eſt abfolument néceffaire de lui en toucher quelque chofe.

Cet ouvrage a d'abord été traduction: puis paraphrafe: puis differtation bien didactique, méthodiquement divifée en livres, fections, chapitres, articles, paragraphes, &c.; c'étoit merveille. Enfin il a pris la forme que l'on vient de dire, à la quelle on s'imagine qu'il ne perd rien. Quoiqu'il en foit, come il ne convenoit pas de laiffer ignorer le premier état, ni même le fecond dont il peut refter des traces en quelques endroits, voici le fait.

Il parut à Londres en 1737. une brochure fous ce titre très équivoque: *Réflections upon polygamy, and the encouragement given to that practice in the fcriptures of the old teftament, by Phileleutherus Dublinienfis.* En françois: *Penfées fur la poliga-*

ligamie, & le dégré de faveur que cet ufa-
ge trouve dans l'ancienne loi, par PHILE-
LEUTHERE *de Dublin.* Cette brochure
réimprimée en 1739. fut traduite en allemand en 1741. & imprimée l'anée fuivante à Dantzik, avec une préface du traducteur, où le miftere du titre eft expliqué.

À ce nom de *Phileleuthere* que s'arro-
gent affez volontiers les efprit-forts, &
furtout au terroir d'où fort l'ouvrage,
champ fécond qui en genre de *liberté de
penfer,* comme en tout le refte, a produit, & ce qu'il y a de meilleur, & ce
qu'il y a de pire, (joint à cela, bien entendu, le préjugé ou l'on eft à l'égard de
l'ancienne loi,) il n'y a perfonne qui ne
fe figure un *Theophile Aletheus* (*), qui
vient faire les derniers efforts en faveur
de fa chere poligamie. Point du tout.
C'eft un grave & profond théologien,
deffenfeur zélé de la religion, qui plein
des plus faines idées fur l'effence du mariage, entreprend de détruire un préjugé
qu'il croit tout-à-fait injurieux, à l'honeur de la loi de Dieu. Quoiqu'il ait à
com-

(*) Nom fupofé de l'auteur du livre intitulé
Polygamia triumphatrix, dont le véritable nom eft
Lizerus.

combatre les théologiens ses confreres tous les premiers, néanmoins c'est particuliérement les ennemis de la morale chrétienne qu'il a en vue: mais par malheur après s'être signalé bien des fois contre ceux-ci, il en est devenu la terreur, au point de ne pouvoir plus espérer de s'en faire lire sans artifice. *Les incrédules, dit le traducteur allemand, n'eussent pas plûtôt vu en tête le nom du Docteur ***, (†) que par un effet de haine & de prévention, ils eussent mis le livre de côté,* sans vouloir y jetter les yeux; en sorte qu'il a falu qu'un nom qui leur est cher, soutenu de l'ambiguité du titre, donât lieu de présumer à ces Messieurs, que c'étoit un des leurs qui se montroit pour leur deffense.

On ne fera point de réflexion sur un expédient si singulier. On se contente de déclarer, qu'on souhaiteroit fort que l'ouvrage de M. ***, n'eut point d'autre ressemblance avec ceux des incrédules. L'auteur s'y déchaîne avec beaucoup de force contr'eux en toute rencontre,

(†) On se dispense de nomer l'auteur, par respect pour son caractere, & même pour sa persone, parce qu'on n'a rien que de fort désagréable à dire de son ouvrage, qu'on ne juge propre qu'à scandalifer également, au bout du compte, les incrédules & les chrétiens.

tre, & cependant il n'eſt gueres poſſible
de les imiter plus ponctuellement, ni de
les ſuivre de plus près dans leurs démarches. On ne prétend pas aſſurément que
ce ſoit la même mauvaiſe foi; mais on ne
craint point d'avancer que c'en ſont toutes les aparences les mieux copiées. Ce
ſont les mêmes voies obliques & détour-
nées; la même ardeur à s'acrocher à tout
ce qui paroit préſenter quelque ombre de
ſecours; la même pente à exagérer outre
meſure ce qui eſt favorable, & à exténuer
ce qui eſt contraire; le même mépris des
bones raiſons; la même prédilection pour
les frivoles; en deux mots, tout ce qui
ſe peut imaginer de moins digne, & de
la gravité d'un théologien, & de la profondeur d'un tête angloiſe. Enfin on pro-
teſte avec ſincérité, qu'après avoir lu &
relu ce petit ouvrage, & l'avoir étudié
juſqu'à en faire une traduction, on de-
meura convaincu que tout bien peſé, ce
n'étoit qu'une froide raillerie, qui ne ten-
doit pas moins qu'à rendre ſuſpecte la di-
vinité de l'ancienne loi.

Une choſe entr'autres confirmoit ce
facheux ſoupçon, malgré toutes les mar-
ques extérieures, que l'auteur, qu'on ne
conoiſſoit point alors, done de ſon zele. C'étoit de voir qu'il ne s'agiſſoit ſouvent

vént que de prendre ſes raiſonemens à rebours, pour les tourner en ſolides démonſtrations; ſans compter une ſorte d'afectation tout-à-fait étrange, à couler en deux lignes ſur des preuves très déciſives, pour s'apeſantir des dix & vingt pages ſur de mauvaiſes. Rien ne ſeroit plus facile que d'en doner au lecteur nombre d'exemples : il en trouvera quelques-uns en tems & lieu. Pour tout dire, on fut tellement frapé de cette idée, que quoiqu'on n'eût entrepris la traduction de l'ouvrage, (il y a de cela déjà ſix ans) qu'à la ſolicitation d'un libraire, on ne put ſe réſoudre à la lui remettre. Au lieu de traduction, on prit donc le parti de paraphraſer dignement, ce qu'il y avoit de meilleur dans l'anglois, en feſant main baſſe ſur le reſte. Et ce travail fut encore pouſſé fort loin, quoique l'embaras ne fut pas petit d'imaginer à chaque pas des liaiſons entre des matieres dont l'enchainement étoit rompu. Mais au bout de deux mois, s'étant aperçu que d'une peine ſi exceſſive il ne réſultoit qu'un ouvrage aſſez bizare, duquel on ne pouvoit pas atendre beaucoup d'honeur, on le laiſſa là come le premier, pour bâtir ſur un terrain & ſur un plan qui fût à ſoi.

Dans le cours du travail il étoit venu à

* *

l'eſ-

l'esprit une foule de pensées & de réflexions, qui mises en œuvre sembloient promettre un bon effet. Il n'étoit question
que de les disposer dans l'ordre le plus
convenable, & de les revétir des ornemens
de la diction, dont il est d'expérience que
toute vérité a plus ou moins besoin d'em-
prunter le lustre, & les vérités neuves
plus que les autres. L'auteur du présent
ouvrage fit encore ici une fausse démarche, qui le jetta pour la troisieme fois dans
des peines très inutiles; ce fut de s'atacher d'abord à un ordre trop didactique.
Absorbé depuis huit ans entiers, dans l'é-
tude de toutes les parties des mathéma-
ques, qu'il professoit publiquement à Paris, il ne se pouvoit gueres que sa composition ne s'en ressentit. Les divisions
& subdivisions, tant particulieres que générales, étoient admirables. C'étoit l'e-
xactitude même, & il paroissoit bien qu'il
n'y avoit que le compas d'un géometre qui
eût pu mesurer les dimensions d'un pareil
plan (*). Mais l'auteur ne tarda pas à s'a-
percevoir que tant de régularité ne me-
noit qu'à la sécheresse, ensorte qu'il ris-
quoit

____

(*) Quelques persones assurent, qu'il y a des
gens qu'on feroit bien d'avertir, *que l'auteur se
raille ici, & ne se loue point.*

quoit de faire un ouvrage très ennuyant à
force de n'être que judicieux. Le goût
de la belle littérature, qu'il n'avoit jamais
négligé, reprenant de plus en plus le deffus, lui rendit ce sentiment vif, sans le
quel les productions de l'esprit sont toujours
froides & languiffantes. Il se proposa donc
de garder la févérité géométrique pour le
fonds de fes raifonnemens, mais d'en faire difparoitre l'auftérité dans la maniere
de les ofrir. Et ce fut alors, qu'il imagi-
na cette forme pleine de vie & d'action,
par la quelle il s'eft flaté, d'exciter quelque forte d'intérêt dans l'ame de fes lecteurs, & de l'y foutenir jufqu'à la fin.

Cependant l'auteur demeuroit toujours
dans les mêmes idées à l'égard de la fin-
cérité de l'ouvrage anglois. Les éloges
du traducteur de Dantzik ne l'avoient
point défabufé, & dieu fait quel champ
c'étoit pour la véhémence d'Eudoxe. Depuis, des perfones à portée d'en être inftruites, ayant mis hors de doute la probité de M. ***, que fon mérite a même élevé dans cet intervale à l'une des
premieres dignités de l'églife dans fa pa-
trie, on a fuprimé tous les endroits qui a-
voient raport à un foupçon fi injurieux
mais on n'a pu obtenir d'Eudoxe d'en fu-
primer de même quelques autres très vifs

& très preffants. M. * * * qui ne laiffe
pas de pouffer quelquefois avec affez de
vigueur les théologiens fes confreres , &
jufqu'à un prélat de fa nation très diftin-
gué, ne peut pas trouver mauvais aparemment, qu'on le releve à fon tour fur des
points d'une bien plus grande conféquence. Quand on l'aura convaincu du tort
infini que fes manieres de raifoner font
capables de faire aux faintes écritures qu'il
veut deffendre , on fe perfuade que par
cela feul la cenfure lui fera moins défa-
gréable , & que zélateur fincere du chriftianifme come on nous le peint , il ne
poura que fe réjouïr, s'il eft vrai qu'un autre ait marché avec plus de précaution ,
& furtout avec plus de bonheur que lui,
dans fa cariere.

Au refte la raifon qu'on a de parler dès
ici fur ce ton, eft de prendre à la face du
public une obligation plus étroite de s'interdire certaines manieres trop comunes, par les quelles bien des gens prétendent que les apologiftes de la religion, lui
ont plus nui, & ont caufé plus de fcandale, que les incrédules eux-mêmes avec
leurs acufations & leurs fophifmes. On
eft fi éloigné de vouloir fe faire honeur
au préjudice de l'auteur anglois, qu'on reconoit avec plaifir lui être redevable de
quan-

quantité d'excellentes choses qui se trouvent dans cet ouvrage. Si on ne les a
point marquées en détail, c'est qu'elles
sont fondues & incorporées avec d'autres
pour la plûpart, de façon qu'il n'est presque pas possible de les en distinguer à l'heure qu'il est. Mais cela ne doit point laisser en suspens l'estime du lecteur. Il est
le maître d'atribuer à qui il voudra le mérite du fonds des choses. On sera content, pourvû que le tout aille à son pro-
fit, & à la gloire de la vérité.

I V.

On termineroit ici cette préface, si quelques peines que l'auteur se soit donées pour
la composition de son ouvrage, son plus
grand embaras n'étoit pas encore celui de
le mettre au jour.

Le goût d'un certain public, malheu-
reusement, sans comparaison le plus éten-
du & le plus nombreux, est tellement aujourd'hui tourné vers la frivolité, & même quelque chose de pis, qu'un livre sage & censé, n'est gueres ce qui peut faire
le compte d'un libraire, ni par conséquent
ce qu'on puisse lui ofrir avec décence.
Ce n'est pas qu'il n'en réussisse encore quelques-uns de cette nature. *L'Esprit des*
 Loix

Loix (*), l'une des plus admirables productions de notre siecle, en seroit lui seul une preuve. Mais à quoi les livres solidement utiles, qui ont paru depuis dix ans, sont-ils redevables du succès qu'ils ont eu? (Et quel succès au fond? Il s'en faut bien qu'il ait répondu à leur mérite. Ces livres se sont fait acheter. Se sont-ils fait lire, ou se sont-ils fait gouter come il convenoit? C'est toute autre chose.)

Revenons. Que l'on y prenne garde : ou leurs auteurs avoient déjà une réputation toute établie; ou ils étoient dans certains postes & dans certaines liaisons très propres à les faire conoître ; ou bien c'est que leurs ouvrages ont roulé sur des matieres extrêmement usuelles. Dans ces trois cas il n'est pas impossible qu'un bon livre puisse percer, & dès qu'il est à la mode, y a-t-il jusqu'à ceux-mêmes qui ne lisent jamais, qui ne soient bien aises d'en être possesseurs, pour l'étaler avec faste sur un bureau, ou le montrer du doigt à telle rangée de leurs tablettes, avec une véritable satisfaction?

Mais qu'un jeune auteur, sans nom & sans crédit, entreprenne de traiter dignement

ment

(*) *Inde vaporatâ lector mihi ferveat aure!* *Non hic, qui* &c. Perse Sat. 1e. v. 126.

ment un fujet grave, qui par malheur ne paroiffe pas au premier coup d'œil d'une certaine néceffité indifpenfable ; pour l'utilité, cela va fans dire, elle ne fufiroit pas: fut-ce *l'Efprit des Loix* ; il eft à parier, vû le train des chofes, que l'auteur ne trouve pas un libraire qui s'en charge, ou qui s'en charge, fans être à s'en repentir plufieurs anées. Et qu'eft-ce cela, lui dira-t-on, *l'Efprit des Loix* ? Eft-il beaucoup de gens que cette matiere puiffe intéreffer ? Quelques praticiens peut-être, ou quelques politiques rêveurs. Ecrivez, Monfieur, pour tout le monde, fi vous prétendez que l'on vous life.

Or qu'eft-ce qu'*écrire pour tout le monde*, dans le langage d'aujourd'hui ? ... Ignoreroit-on ce qu'une expérience journaliere n'aprend que trop ? Un roman obfcéne, ou qui frife l'obfcénité ; une fade & infipide comédie ; un recueil de chanfonettes: voilà l'amufement de tous les ages. Pour l'exercice de l'efprit, (car il ne faut pas croire qu'on ne veuille s'ocuper auffi de tems à autre;) un écrit malin fur les afaires du tems; un libelle contre la religion; une métaphifique amoureufe ; une fatire, où fous de prétendus portraits généraux & des noms fupofés, les perfones les plus refpectables font déchirées cruellement.

ment. Ce font les livres qui obtiennent une vogue univerfelle; qui parcourent les provinces, paffent les mers; que chacun veut fe vanter d'avoir lu; qu'on veut lire même, au rifque de ne rien comprendre à quelques-uns.

En quatre mots, *frivolité*, *obfcénité*, *impiété*, *malignité*, voilà les caracteres regnans dans le fiecle où nous fomes. Et cela eft fi vrai, qu'il n'y a pas jufqu'à de grands moraliftes-mêmes, qui ne jugent à propos de doner à leurs préceptes ces affaifonemens exquis, & ne parviennent à faire gouter, fi non leurs préceptes, du moins leur livre, par cet expédient digne d'eux.

L'auteur de l'ouvrage, dont voici le premier volume, eft fort éloigné d'une complaifance fi honteufe. Incapable de proftituer fa plume au goût de fes contemporains, & réfolu de luter contre, de tout ce que la nature a pu lui acorder d'ame & de force, *Non civium ardor prava jubentium mente quatit folidâ*; c'eft la devife, ou le cri de guerre qu'il s'eft chóifi, pour les combats où il a deffein de s'engager. Peut-être, & il ne fe le diffimule point, peut-être auroit-il plus befoin qu'un autre de fe concilier la faveur de la multitude, en la fuivant dans les routes batues qu'il

fait

fait lui être fi agréables. Vaine raifon, pour quiconque a des principes de probité ! Difons moins ; pour quiconque, fe fentant un cœur au deffus de fa fortune, a le courage de fe refpecter lui-même. L'auteur déclare donc, qu'en fe joignant à la troupe peu nombreufe de ceux qui fe roidiffent encore contre le torrent, fon unique objet, après le devoir, eft de mériter fa propre eftime, auffi-bien que celle de fes pareils. D'autres foins lui paroiffent trop audeffous de celui-là, pour qu'il puiffe y fixer la vue.

Ce qu'il a doné jufqu'à préfent, foit à Paris, foit dans ces Provinces (*), eft fi peu confidérable, que cet ouvrage-ci doit

paffer

* A Paris en 1742, *Quatre Difcours fur les Mathématiques*; & en 1744, une efpece d'Apologie du très illuftre Sécrétaire de l'Académie des Siences, fervant de préface au livre intitulé *L'Efprit de Fontenelle, ou Recueil de penfées tirées de fes ouvrages*. L'auteur ne fe noma point. A la Haye en 1749, des *Mémoires*, dont il n'a été tiré qu'un petit nombre d'exemplairés, pour être préfentés à diverfes perfones de qui on avoit intérêt de fe faire conoître. Un libraire anonime fous les noms fupofés de *Grifftb & Miller à Londres*, en a extrait une brochure d'environ cent pages qu'il lui a plu d'intituler, *Lettres philofophiques contre la Doctrine de l'Eglife Romaine fur l'Eucbariftie, par M. de Prémontval.* L'auteur qui les avoit adreffées manufcri-

* * 5

tes

paſſer pour ſon premier eſſai ; & il ſe flate de ne démentir en aucune façon par cet
eſſai, le caractere ſous lequel il vient de
s'annoncer.   En d'autres tems ce ſeroit
pour lui le motif le plus légitime de s'a-
tendre

tes en 1735, encore ſimple étudiant, au fameux
P. *Tournemine* Jéſuïte, ne leur avoit point doné
ce titre de *philoſophiques*, que peut-être après tout
elles méritent un peu, au moins pour le genre de
démonſtrations qu'il y emploie.   Cette brochure
imprimée l'anée derniere ſe trouve à Leide.   La
même anée 1750, une autre brochure intitulée *Panagiana Panurgica, ou le Faux Evangéliſte*, criti-
que du *Livre des Mœurs*.   Ce qui eſt exprimé par
Panagiana Panurgica, n'ayant eu pour ſujet qu'u-
ne impoſture qui fut reconue peu après, n'eſt plus
d'uſage : mais le *Faux Evangéliſte* l'eſt encore, &
ce ſont deux choſes qu'on devroit, à ce qu'il ſemble, ne pas confondre.   Enfin on peut à ces ouvrages de l'auteur en joindre un de ſon épouſe,
beaucoup plus capable de tirer ſon nom de l'ob-
ſcurité.   Il a pour titre, *Le Mécaniſte philoſophe,
mémoire contenant diverſes particularités de la vie &
des ouvrages du Sr. Pigeon, mathématicien, membre
de la Société des Arts, auteur des premieres Spheres
mouvantes qui ayent été faites en France ſelon l'hy-
potheſe de Copernic, par Madame de Prémontval ſa
fille, à la Haye, chez P. van Cleef libraire*, 1750.
Ce n'eſt que la vie d'un ſimple artiſte inconu dans
ces Provinces : cependant la maniere toute pleine de
ſentiment dont ſa fille a ſu l'écrire, & d'ailleurs quelques réflexions aſſez importantes qui s'y trouvent
jointes, ſembloient devoir s'atirer un peu plus d'a-
tention depuis un an.   Peut-être que cela viendra.

tendre à quelque succès. En celui-ci, c'est justement la cause de son peu d'espérance, & de l'embaras extrême où il est de produire dans le public un pareil ouvrage.

Envain il a tâché de l'embellir de tous les ornemens raisonables qu'il a sû imaginer, & par l'intérêt des personages qu'il y a introduits, & par l'éclat d'une diction vive & animée, & par la pompe même du pathétique en quantité d'endroits qui en étoient susceptibles. Au bout du compte ce n'est pourtant qu'un livre de controverse, sur des points de religion & de morale, traités d'une maniere grave, par un auteur inconu. Ce n'est pas ce qui peut piquer la curiosité du grand nombre assurément.

Il est vrai que come il est sans cesse question dans cet ouvrage des droits des deux sexes, par raport à leur constitution & à leur union, on peut pressentir qu'il doit y avoir certaines matieres délicates où rien ne seroit plus aisé, à un écrivain un peu habile, que d'égayer sa plume, & de réjouir son lecteur par quelques-uns de ces traits si recherchés aujourd'hui. Que sait-on ? Deux ou trois morceaux de cette nature peuvent mériter qu'on parcoure des volumes. Il faut voir . . . .

Mais

Mais que verra-t-on? Au jugement de la multitude, ou la mal-adreſſe la plus étrange à tirer parti d'un beau ſujet ; ou l'inſolence la moins pardonable d'oſer à ce point fronder le goût des honêtes gens. C'eſt préciſément dans de pareils endroits, que l'auteur a pris le plus à tâche par la décence & la nobleſſe du ſtile, de s'élever avec ſon lecteur, audeſſus de cette fange où tant de beaux eſprits s'arêtent, & ſe complaiſent ſi fort à la honte de notre ſiecle.

Point de ces ornemens indignes dans cet ouvrage. Pas-même de ces embelliſſemens, qui n'ofenſent que les principes d'une ſaine & judicieuſe littérature. Du moins l'auteur n'en a-t-il point recherchés de ce dernier genre. Il a ſouhaité, pour l'intérêt de ſa cauſe, de ſe concilier par une dédicace, l'atention du ſexe que le ſujet concerne principalement, & il en avoit conçu le deſſein dès les premiers tems de l'entrepriſe ; mais ce n'a point été une raiſon pour lui d'amolir ſa plume. Il ne s'eſt point imaginé qu'il lui convînt pour cela, de prendre le ſtile folâtre & léger de nos brochures, d'afecter les tours du bel air, de courir après les ſaillies éblouiſſantes, &c. Perſuadé que le ſexe eſt auſſi bon juge que

nous,

hous, des modeles d'une éloquence noble & mâle, lorsqu'il se done la peine d'y jetter les yeux, il ne s'en est point proposés d'autres, n'en conoissant point d'autres qui fussent assortis à la dignité de son sujet. Seulement est-ce à l'intention de ce sexe qu'il s'est cru dans l'obligation d'écarter de sa méthode l'aridité didactique, le plus qu'il a été possible; en quoi il n'a prétendu que se mettre en état de se présenter à lui sous un extérieur moins effrayant. Come un home grave & retiré, qu'une ocasion amene du fond de son cabinet dans un cercle de Dames, déride son front, s'il sait vivre, dès avant que de paroître, & compose son ajustement avec un peu plus de soin que de coutume; mais est toujours fort éloigné de la parure, aussi bien que des airs & du langage d'un petit maître, habitant né des ruelles & des toillettes.

Enfin, & ceci est le dernier coup de pinceau par le quel l'auteur a voulu tracer dans cette préface une idée du caractere de son esprit. C'est qu'amené par le sujet à toucher en deux ou trois endroits les foiblesses de ce même sexe dont il ambitione la protection, il avoue ingénument qu'il a eu le courage de ne point trahir ce qu'il a cru être la vérité, content

de

de tenir la balance égale entre le respect & la franchise, & de s'écarter avec une scrupuleuse exactitude d'un certain ton de plaisanterie fort comun, qu'il juge très indécent sur une pareille matiere, de quelque part, & en quelque rencontre que ce puisse être.

De tout ce que l'on vient de dire, il résulte qu'un ouvrage de la nature de celui-ci, s'il est mal-adroitement exécuté, ne peut espérer le moindre succès : s'il l'est bien, il percera sans doute, mais ce ne sera que peu-à-peu & avec effort. On a donc pensé, que surtout dans l'état de langueur où se trouve le comerce de la librairie, ce n'étoit point une entreprise dont il convînt de faire courir le risque à qui que ce fût ; & c'est en conséquence, que de l'avis de quelques persones éclairées qui lui veulent du bien, l'auteur a pris le parti d'essayer la voie de la souscription : unique ressource, laquelle n'est pas elle même sans inconveniens.

Aulieu de publier le livre tout à la fois, on est contraint de ne le doner d'abord que par petits volumes détachés, au nombre de quatre, qu'on se propose de faire suivre à deux mois de distance l'un de l'autre, ou environ. Chacun sent la raison, & même la nécessité de cette espece

pece d'arangement œconomique. Cependant il eſt ſûr que le ſujet y perd, & qu'une lecture continuée ſans de trop longues interruptions, avec cette chaleur d'intérêt qu'on le croit capable d'exciter, lui feroit, on oſe dire, tout autrement avantageuſe.

D'un autre côté il a falu que l'auteur fît annoncer l'entrepriſe en ſon propre & privé nom. Outre que cela le jette dans des ſoins & dans des détails qu'on préſume bien n'être pas fort du goût d'un home de lettres; ce qu'il y a de plus facheux pour lui, c'eſt la crainte d'indiſpoſer Meſſieurs les libraires, qui, à ce qu'on aſſuré, ne voyent jamais ſans un peu de chagrin ce qu'ils apellent *ſe mêler de leur profeſſion*. Mais ce n'a été qu'une voix, que la ſouſcription ne réuſſiroit point d'une autre manière, les mêmes perſones qu'on ſavoit bien qui ne dédaigneroient pas de ſe doner des mouvemens pour un auteur qu'elles honorent de leur protection ou de leur amitié, (& il y en a de la première conſidération) ces mêmes perſones, dis-je, ne pouvant que demeurer très froides dans le train ordinaire des choſes. Quoiqu'il en ſoit, ſi le livre n'a point de ſuccès, ces Meſſieurs n'auront point à ſe

repen-

repentir de s'en être chargés ; & s'il en a,
ceux qui voudront fe procurer, ou le refte de l'édition, ou le droit de copie, on
le déclare, en feront toujours les maîtres
à des conditions fort raifonables.

Le plus grand inconvénient, c'eft qu'il
étoit à craindre qu'une anonce de foufcription ne parlât beaucoup moins en faveur de l'ouvrage, que l'ouvrage lui-même n'auroit pu faire. Cependant les perfones qui ont bien voulu s'y entremettre,
n'ont pas laiffé par leur concours généreux, auffibien que par leur recomanda-
tion & leurs fufrages, d'amener les chofes
en fort bon train, puifqu'elles ont mis l'auteur plus qu'en état de comencer l'im-
preffion du premier volume qu'on deftine
à fervir d'effai. Mais come cela ne fufit
point encore, & que dans le deffein où
l'on eft de ne tirer qu'un nombre d'exemplaires qui n'excede pas beaucoup celui
des foufcrivans, on défireroit favoir à-peu-
près fur quoi compter, on a recours à un
dernier moyen, avant que d'aler plus loin,
qui eft de détacher ce difcours, & d'en jetter quelques centaines d'exemplaires dans
le public à tout hazard.

Par là on entend bien d'abord fe déba-
raffer des jugemens importuns de la multitude,

tItude , en avertiffant cette forte de lecteurs qui ne courent qu'après le frivole ou
quelque chofe de pis , que ce n'eft point du
tout ici ce qui leur convient.

Enfuite on fe propofe de mettre les lecteurs d'un autre ordre, à même de pref-
fentir par le caractere de cette préface,
fi l'ouvrage dont elle eft l'entrée auroit le
bonheur d'être de leur goût.

En ce cas on fuplie,

1°. Ceux qui feroient dans l'intention
de lui acorder place dans leur bibliothe-
que, de fe déterminer à doner leur nom
le plûtôt qu'il fera poffible ;

2°. Ceux qui auroient des raifons de
ne le point faire pour le préfent, de vouloir bien au moins comuniquer cette
préface, aux perfones de leur conoiffance, qu'ils fauront être dans des difpofitions à en porter le même jugement
qu'eux.

Les uns & les autres fe procureront ,
fi l'on ne fe trompe, la fatisfaction également fenfible pour l'efprit & pour le
cœur, de contribuer à l'encouragement,
non pas d'un, mais de deux auteurs qui
encore à la fleur de l'age, & unis par les
nœuds les plus étroits, font réfolus de
confacrer leurs travaux à l'utilité du public,

*** * *

blic, en marquant, autant qu'il est en eux, toutes leurs productions au coin du bon goût & de la vertu.

La table que voici, & l'avis qui vient ensuite, mettront au fait, ce dernier de ce qui concerne la souscription, l'autre du contenu de l'ouvrage entier.

TABLE

TABLE

Où les sommaires des lettres sont un peu plus étendus que dans l'ouvrage, pour doner du sujet de chacune d'elles une idée plus nette.

DISCOURS PRELIMINAIRE.

On a pu voir cy-dessus ce qu'il convient.

LETTRE I. ARISTE.

De l'opinion comune que la polygamie est fort avantageuse à la propagation, & que come telle elle étoit autorisée sous l'ancienne loi, Ariste témoigne à son ami sa surprise, de ce que les églises chrétiennes en ont aboli l'usage, quoique l'écriture sainte n'ait ... cette pratique, nule part, à ce qu'il

LETTRE II. ARISTE.

Il découvre les inconvéniens très considérables qu'il

qu'il croit trouver dans l'abolition de la poligamie, & les dificultés pressantes qu'un Incrédule
lui a objectées à ce sujet. Le tout se réduit à ceci :
1°. Que l'interdiction de la poligamie, met entre
la nouvelle loi & l'ancienne une oposition, toute
au désavantage de la nouvelle; 2°. Que c'est un
des principaux vices de constitution, par où la religion chrétienne tend le plus sensiblement à dépeupler l'univers, ainsi qu'il y paroit bien, surtout dans l'exemple des pays du Nord, qui ayant
perdu l'usage de la poligamie, ont cessé justement
depuis cette époque, d'envoyer des colonies
nombreuses par toute l'Europe, come ils fe-
soient de siecle en siecle; 3°. Enfin que le christianisme s'est fermé lui-même, par une interdiction si déraisonable, l'entrée des pays les
plus peuplés qui soient au monde, de la Chine
entr'autres, où la poligamie est si sacrée, que
c'est le plus insurmontable obstacle qu'on puisse
rencontrer à la conversion de ses habitans. Là-
dessus l'Incrédule marquant son triomphe par
les railleries les plus piquantes, Ariste se met
en tête que l'unique moyen de réponse, est de
dire que l'abolition de la poligamie n'est pas de
droit divin, n'ayant pas même une aparence
de fondement dans l'écriture.

LETTRE III. ARISTE.

Raisons de croire que le nouveau testament
n'a point révoqué la permission de la poligamie, come il a révoqué celle du divorce. Comparaison entre ces deux usages, & réflexions,
qui tendent à prouver que l'abolition de la poligamie n'a pas dû être moins authentique que
celle

celle du divorce, *supofé qu'il eut p'u à Jefis-Chrift d'abroger cette premiere coutume, come il lui a plu d'abroger l'autre.*

LETTRE IV. ARISTE.

Il tâche de prouver par un paffage de la premiere épitre à Timothée & de celle à Tite, que dans les tems apoftoliques la poligamie n'étoit point interdite au comun des fidéles, come elle ne l'étoit point aux juifs fous l'ancienne loi.

LETTRE V. ARISTE.

Examen d'un paffage de la premiere épître aux Corinthiens, où l'on pouroit s'imaginer trouver une deffenfe, du moins indirecte, de la poligamie. Réflexions tendantes à infirmer la validité des conféquences que l'on voudroit tirer de ce paffage.

LETTRE VI. ARISTE.

Raifons qui démontrent, que tout ce que l'apôtre St. Paul femble dire de peu favorable au mariage, & par contre coup à la poligamie, dans le chapitre feptieme de la premiere aux Corinthiens, eft uniquement relatif aux conjonctures d'alors, auquel tems même ce n'étoit qu'un pur confeil qui ne portoit point obligation.

LETTRE VII. ARISTE.

Suite du même fujet, ou réflexions plus particulieres fur l'interprétation de quelques paro-

les

les du même chapitre, par où l'on acheve de déterminer le dégré d'autorité qu'il doit avoir.

LETTRE VIII. ARISTE.

Récapitulation des sept lettres précédentes, par les quelles Ariste a prétendu prouver, que l'usage de la poligamie, très utile à la société, selon lui, & autorisé sous l'ancien testament, n'a point été abrogé par la loi de Jesus-Christ. Sa conclusion est que pour faciliter la conversion des infidéles, des Turcs par exemple, ou des Chinois, rien n'empêche les missionaires de leur permettre la poligamie, non plus que rien n'empêche les princes chrétiens de l'introduire dans leurs états, si le cas le demande. Il déclare qu'il est dans le dessein de comuniquer au public cette importante idée ; mais il prie son ami de lui dire auparavant avec sincérité ce qu'il en pense.

LETTRE IX. EUDOXE.

Réponse générale aux huit lettres d'Ariste, dans la quelle Eudoxe établit les diférens chefs sur les quels il convient avec son ami, & ceux dont il est fort éloigné de tomber d'acord. Ceux-ci consistent en trois points essentiels qu'il s'engage de démontrer : 1°. Que Jesus-Christ a condamné la poligamie ; 2°. Que cet usage est en effet très condamnable, come infiniment préjuciable à la société ; 3°. Que l'ancienne loi, bien loin de le tolérer, le condamnoit aussi, d'une maniere très positive. En atendant qu'il prouve ces trois points, Eudoxe comence toujours par

par indiquer un moyen sufisant pour fermer
la bouche aux incrédules.

LETTRE X. ARISTE.

*Il témoigne à son ami le prodigieux étoñe-
ment où le jettent des sentimens si contraires
aux siens, & aux idées les plus comunes. Au
reste tout le but de cette lettre est de mettre indirectement l'état de la question dans un plus
grand jour, & de répandre en même tems quelque sorte d'intérêt sur cette matiere.*

LETTRE XI. EUDOXE.

*Diverses réflexions & observations. Une
entr'autres sur le langage constant de Jesus-
Christ & de ses apôtres, qui ne parlent jamais
que d'une seule femme & n'en suposent jamais
qu'une seule, en autant d'endroits de leurs
discours ou de leurs écrits, où il soit question
du mariage: Conséquences que l'on en doit tirer, par raport à ce qu'ils pensent de la poligamie.*

LETTRE XII. EUDOXE.

*Que la maniere dont Jesus-Christ a condam-
né le divorce emporte démonstrativement avec
soi cette conséquence, qu'il regardoit la poligamie côme un véritable adultere; ensorte
qu'en y fesant un peu réflexion, l'on trouve
qu'il a condamné le divorce à la vérité d'une
façon plus directe que la poligamie, mais la*

poligamie

poligamie dans un *sens* plus *absolu & plus ri-*
goureux que le divorce.

LETTRE XIII. ARISTE.

Il reconoit la solidité des demonstrations pré-
cédentes; il s'avoue convaincu, & pour en do-
ner une preuve à son ami, il acheve lui-même
la ruine de sa fausse hipothese, en recherchant
la véritable interprétation de ce passage de l'é-
pître à Timothée, dont il avoit fait un si grand
usage pour l'établir. Il exhorte son ami à le
satisfaire de même sur le reste de la question.

LETTRE XIV. EUDOXE.

Premiere preuve contre la poligamie, tirée
de l'égalité de nombre qui se trouve entre les
deux sexes, d'où l'on fait voir, 1°. l'une des
plus grandes injustices de cet usage, même à
l'égard des homes, 2°. le tort qu'il fait à la
propagation, bien loin de lui être aussi favora-
ble qu'on se l'imagine.

LETTRE XV. EUDOXE.

Seconde preuve contre la poligamie, tirée,
1°. du dégré de tempérament naturel aux deux
sexes, 2°. des sentimens d'amour qu'un home
exige d'une femme, soit qu'il n'en ait qu'une,
soit qu'il en ait plusieurs. Ce dernier motif
est pressé avec toute la force & la véhémence
que comporte l'iniquité des principes qu'il faut
combatre.

LET-

Lettre XVI. Eudoxe.

Premiere suite funefte de la poligamie. C'eft de précipiter les bomes dans les impudicités les plus abominables, tant par le manque de femmes où les uns font réduits, que par le dégoût prodigieux qu'elle infpire enfin pour ce fexe à ceux qui la pratiquent.

Lettre XVII. Eudoxe.

Seconde fuite funefte de la poligamie. C'eft d'ocafioner la mutilation d'un nombre confidérable d'bomes, deftinés à la garde des férails. Digreffion fur l'emploi bien plus criminel qu'on fait des eunuques en Italie.

Lettre XVIII. Eudoxe.

Troifieme fuite funefte de la poligamie. C'eft de contribuer à étoufer dans les cœurs tous les fentimens les plus naturels de tendreffe, que les liaifons du fang ont coutume d'y entretenir dans les lieux où cet ufage ne fe pratique point.

Lettre XIX. Eudoxe.

Quatrieme fuite funefte de la poligamie. C'eft de porter dans les familles tout le trouble imaginable; ce qui non feulement s'opofe à la bone éducation des enfans, à leur entretien, & à leur établiffement, mais auffi fort fouvent les précipite avec leurs meres dans un extrême in-

*** 5

digence

digence, & de là dans la proſtitution & le bri-
gandage.

LETTRE XX. EUDOXE.

Cinquieme ſuite funeſte de la poligamie. C'eſt
d'avoir fait tomber les femmes dans un aviliſ-
ſement afreux partout où elle eſt pratiquée, &
de les avoir en effet rendu très dignes du ſou-
verain mépris qu'on a pour elles en ces lieux-là,
en ce que les uſages qu'elle entraine leur ont entiérement corrompu les mœurs & le caractere.

LETTRE XXI. ARISTE.

En rendant compte des impreſſions que les
ſept lettres précédentes ont faites ſur ſon eſprit,
Ariſte en fait une eſpece de récapitulation,
& y joint quelques réflexions très cenſées qui
les mettent dans un nouveau jour.

LETTRE XXII. ARISTE.

Il propoſe deux dificultés, de la part de l'Incrédule avec le quel il eſt aux priſes. La premiere prétend prouver, que quoiqu'il naiſſe un
peu plus d'homes, il y en a cependant moins
que de femmes, parce qu'il en périt beaucoup
dans les profeſſions dangereuſes. La ſeconde
fait conſidérer, que les homes conſervent auſſi
plus lontems que les femmes, la faculté d'avoir
des enfans. L'Incrédule ayant tourné ces deux
motifs en faveur de la poligamie, du moins
d'une poligamie reſtrainte, Ariſte y répond en
géné-

général, & invite Eudoxe à y répondre d'une maniere plus positive.

Lettre XXIII. Eudoxe.

Réponse à la premiere dificulté. Eudoxe établit sur de nouveaux principes d'expérience & de raisonement l'entiere égalité de nombre entre les deux sexes, & fait voir que l'excès naturel dans le nombre des bomes compense abondament ce qu'il en périt de plus dans les professions dangereuses.

Lettre XXIV. Eudoxe.

Réponse à la seconde dificulté. Eudoxe rend raison des intentions de la nature en ce qui concerne la durée du pouvoir générateur dans l'bome, & fait voir qu'on n'en peut rien conclure en faveur de la poligamie.

Lettre XXV. Eudoxe.

Diverses réflexions sur le même sujet que les deux lettres précédentes, d'où Eudoxe conclut, non sans dessein come on le voit dans la suite, que la poligamie équivaut en malignité, pour dépeupler la terre, aux fléaux les plus redoutables.

Lettre XXVI. Ariste.

Il rend compte des nouvelles dispositions de l'Incrédule, qui en revient à l'objection de la Chine & des pays du Nord, pour prouver contre

tre tout ce qui a été dit, que la poligamie eſt infiniment favorable à la propagation, & que le chriſtianiſme a eu grand tort de l'interdire. Outré de la concluſion d'Eudoxe, ce bel-eſprit s'emporte contre lui juſqu'à l'excès. Il le raille, il le tourne en ridicule ; il traite tous ſes raiſonemens de purs ſophiſmes, & ſa véhémence de déclamation de rhétoricien. Il veut en un mot que les ſeuls faits décident, & réduit à ceci toute la queſtion. Où la poligamie eſt le plus en uſage, come à la Chine, la terre eſt ſurchargée du nombre de ſes habitans ; où la poligamie ceſſe d'être en uſage, come dans le Nord par l'introduction du chriſtinaniſme, le pays dépeuplé ceſſe d'être en état d'envoyer de toutes parts des colonies, come il feſoit auparavant. Il lance à Eudoxe le plus fier défi de ſe tirer de cet embaras.

LETTRE XXVII. EUDOXE.

Cette lettre ne renferme que l'expoſé général de ce qui eſt traité dans les ſuivantes, où l'on répond amplement à l'objection tirée de la Chine & des pays du Nord. Eudoxe déclare que c'eſt juſtement ici qu'il atendoit ſon antagoniſte, afin d'achever de lui fermer la bouche, en lui prouvant par les faits, & par l'exemple même de ſa triomphante Chine entr'autres, que la poligamie équivaut à la longue, en ce qui concerne le funeſte effet de dépeupler un état, aux fléaux réunis de la guerre, de la peſte & de la famine, y compris même encore les pertes d'une continuelle navigation : ce qu'il s'engage

à dé-

à démontrer de la maniere la plus généreuse, mais aussi la plus victorieuse qu'il soit possible.

Lettre XXVIII. Eudoxe.

Réflexions par les quelles on constate la multitude extraordinaire des habitans de la Chine, aussi bien que l'excès & l'antiquité de leur poligamie, contre l'idée de l'Auteur anglois dont il a été parlé dans la préface, qui comence par exterminer les trois quarts au moins des habitans de cet empire, en même tems qu'il a soin d'en étendre les limites outre mesure, pour se doner un double droit de prétendre que ce pays n'est gueres peuplé; non content de quoi il assure encore qu'il n'y a pas fort lontems que la poligamie y est en usage: ce qui s'apelle sans contredit, ruiner, si cela est vrai, la dificulté de fond en comble. Eudoxe selon sa promesse, en agit, come l'on voit, d'une maniere plus généreuse, & n'y perd rien; il a ses ressources.

Lettre XXIX. Eudoxe.

Que ce n'est point à la poligamie qu'on a droit d'atribuer l'avantage qu'a la Chine d'étre le pays le plus peuplé de l'univers. Détail de diférentes causes très réelles qui ont dû produire ce grand effet.

Lettre XXX. Eudoxe.

Dogme singulier de la religion des Chinois, qui doit avoir été une des plus puissantes causes de leur extraordinaire multiplication.

Let-

LETTRE XXXI. EUDOXE.

Cette lettre prouve ces deux points: 1°. Que la Chine, eu égard à tous les avantages dont elle a joui, est incomparablement moins peuplée qu'elle ne devroit l'être; 2°. Que cette perte excessive qu'elle a souferte sans s'en apercevoir, procede, en partie pour le moins, de la poligamie. D'où Eudoxe tire cette singuliere conclusion, que si deux empires, aujourd'hui également grands, également peuplés, devoient, l'un être presque sans relâche exposé aux pertes de la guerre, de la peste, de la famine, & des navigations lointaines, l'autre être presque toujours à l'abri de ces diférens maux, mais pratiquer la poligamie, il est très incertain, au bout de quelques siecles, lequel des deux auroit le plus perdu.

LETTRE XXXII. EUDOXE.

Courte revue des pays mahométans, & de quelques autres où la poligamie est en usage.

LETTRE XXXIII. EUDOXE.

Réponse à la dificulté qui se tire des prétendues suites de l'abolition de la poligamie, dans le Nord de l'Europe, par l'introduction du christianisme. On prouve d'après l'Auteur anglois, non pas que la plûpart de ces pays n'ont jamais été poligames, (on l'abandone là-dessus) mais que ces vastes contrées sont peut-être plus peuplées aujourd'hui qu'autre ms-même des transmigrations

migrations. On rend raiſon, pourquoi cependant les transmigrations ont fini; & l'on indique de plus diférentes cauſes très malignes, qui ſeroient comptables du mal, s'il y en avoit, bien plûtôt que l'abolition de la poligamie; révolution qui n'a dû tout au contraire qu'afoiblir, ou du moins compenſer l'influence de toutes ces cauſes.

LETTRE XXXIV. ARISTE.

Nouvelles diſpoſitions de l'Incrédule, toutes des plus étranges. Il ſe met en tête qu'Eudoxe, que par parentheſe il n'eſt pas réputé conoître perſonellement, n'a ſi bien détaillé l'atrocité de la poligamie, que pour fraper d'un coup mortel la religion révélée: car qu'importe que la nouvelle loi ſoit en regle ſur cet article, ſi l'ancienne qui en eſt le fondement, & qui ne doit pas être moins divine, eſt coupable de ces horreurs; & d'autant plus coupable, qu'elle a ſoufert, permis, autoriſé cet infame uſage, ſans aucune ſorte de reſtriction. Là-deſſus cet honête home feſant du champ de ſa défaite celui même de ſon triomphe, change de bateries, & inſulte la révélation avec toute la rage & toute l'effronterie poſſible. Seulement fait-il l'honeur à Eudoxe de l'aſſocier à cette prétendue victoire dans l'idée où il eſt de ſa perfidie, laquelle, dit-il, ſe manifeſtera bien à la foibleſſe des argumens, dont ce profond raiſoneur ne manquera pas de ſe ſervir dans le reſte de la queſtion. Ariſte conſterné, exhorte ſon ami dans les termes les plus pathétiques, à ranimer ſes forces pour faire ceſſer ce ſcandale,
en

en hâtant une pleine & entiere exécution de toutes ses promesses.

LETTRE XXXV. EUDOXE.

Il déclare avec tranquilité qu'il consent que l'on juge de sa bone foi sur les effets, & s'engage de nouveau à démontrer invinciblement, que la partie historique & la partie politique des livres de Moïse condamnent la poligamie. Après quelques réflexions, il entame l'examen de l'histoire & y trouve dès l'instant de la création la sainte monogamie dans les vues de Dieu. Il détaille cette importante époque, & fortifie les conséquences du récit de Moïse par deux admirables comentaires, tirés, l'un du dernier livre de l'ancien testament, l'autre du premier livre du nouveau; chacun d'une clarté à ne laisser aucun doute sur cette matiere. Eudoxe finit par nous montrer, d'après Moïse, l'origine de la poligamie, dans la détestable famille de l'impie Caïn.

LETTRE XXXVI. EUDOXE.

Considération sur ce que Moïse nous aprend de la conduite de Dieu au tems du déluge. Dieu ne sauve que Noé & sa femme, les trois fils de Noé & la femme de chacun d'eux, de même qu'au tems de la création il n'avoit formé qu'une seule femme pour un seul home. Cependant jamais conjonctures ne pouvoient être plus favorables que celles-là à l'admission de la poligamie; jamais cet usage ne pouvoit avoir

moins

moins d'inconvéniens, & jamais plus d'utili-
tés. .Comparaison de cette conduite de Dieu,
avec celle qu'il garde encore aujourd'hui dans
cette singuliere égalité de nombre, que sa providence maintient si soigneusement entre les
deux sexes. Conséquence sensible de ces vérités.

LETTRE XXXVII. EUDOXE.

Principes qu'il faut bien se graver dans les-
prit, avant de passer à l'examen de la conduite des patriarches. Il y a deux procédés fort
diférens, également téméraires, l'un des ennemis, l'autre des deffenseurs de la foi. Ceux-
ci cherchent à justifier toutes les actions,
même les plus criminelles des saints personages
de l'ancienne loi, pour peu que leur pénétration ne démêle pas bien que l'historien sacré ne
les aprouve pas. Ceux-là s'en prennent à l'é-
criture sainte même & la rendent responsable de
la simplicité, aussi bien que de la sincérité &
de la naïveté de ses écrivains. Milieu que
doit tenir un chrétien raisonable, qui ne veut
pas faire d'une apologie de sa foi un vrai sujet d'indignation & de scandale. C'est de condaner dans les actions ce qui est condanable, sans aucun égard pour le nom de ceux
qui les ont faites, mais aussi de rechercher
avec candeur, s'il n'y a rien dans les circonstances du récit qui aille à la décharge de
l'historien, en fixant, d'une muniere sufisante,
la nature des actions qu'il nous raconte.

* * * *

LETTRE XXXVIII. EUDOXE.

Il prouve que le cas de la poligamie d'Abraham eſt tout ce qui ſe peut imaginer de moins criminel en ce genre ; que cependant le patriarche n'eſt pas exempt de faute, ni même Sara ſon épouſe, à la ſolicitation ſeule de la quelle le ſaint home s'eſt laiſſé aler à cette infraction du mariage : qu'au reſte il ne faut que peſer un peu ſur les circonſtances du récit, pour découvrir ce qu'Abraham lui-même, ce que Sara, ce que Moïſe, ce que le Seigneur ſur tout penſe de la poligamie, & que ce qu'ils en penſent, c'eſt qu'elle eſt une injuſtice dont lui Seigneur eſt le vangeur.

LETTRE XXXIX. EUDOXE.

Il fait voir que la conduite d'Iſaac eſt très contraire à la poligamie, & que c'eſt bien à tort que n'ayant rien à dire ſur ſa perſone, on s'eſt aviſé de le rendre comptable de l'irrégularité de ſes enfans, d'Eſaü ſurtout, parce qu'on a ſenti qu'en cette afaire l'exemple de celui-ci n'étoit pas d'un fort grand poids.

LETTRE XL. EUDOXE.

Il analiſe le cas de la poligamie de Jacob, & ne fait point dificulté d'abandoner d'abord ce patriarche come coupable d'une exceſſive complaiſance ; mais enſuite il fait voir combien le ſaint home étoit éloigné de tout principe d'in-
con-

continence & d'injustice. Après quoi il découvre dans les circonstances du récit, qu'alors
même, & jusques dans la famille idolâtre de
Laban, la poligamie, quoiqu'elle començât à
se répandre, étoit encore comptée parmi les
traitemens les plus indignes qu'on pût faire à
une femme, & les plus propres à atirer la colere du ciel.

LETTRE XLI. EUDOXE.

*Nouvelles réflexions d'une grande importan-
ce, par les quelles on termine l'examen de la
partie historique du Pentateuque, & l'on conclut qu'il ne s'y trouve pas un fait, quelque
peu relatif à la matiere du mariage, qui ne
soit contraire à la poligamie.*

LETTRE XLII. EUDOXE.

*Sept présomptions légitimes, dont il n'y en
a aucune qui n'aproche d'être une démonstration, qu'il n'est pas concevable, que la poligamie soit tolérée le moins du monde dans la loi
de Moïse.*

LETTRE XLIII. EUDOXE.

*Examen de l'ordonance qu'on apelle la loi
du Lévirat. On prouve qu'il n'est pas vrai
qu'elle obligeât les gens mariés, & que par
conséquent il est faux que la loi de Dieu
fît de la poligamie un devoir en certains cas,
come des théologiens même l'ont avancé.*

**** 2   LET-

LETTRE XLIV. EUDOXE.

Examen de l'ordonance sur les deux femmes, l'une aimée & l'autre baïe. On prouve qu'il s'agit de deux femmes qui se sont succédées, soit par décès, soit par divorce, & que les interprétes ont été ici la dupe d'une petite ambiguité de gramaire, par un effet de leurs préjugés.

LETTRE XLV. EUDOXE.

Examen de l'ordonance sur les fiançailles de la fille esclave. On prouve que la loi supose que le mariage n'a pas été consomé, & l'on fait toucher au doigt que l'interprétation d'un mot par devoir conjugal dans ce passage, d'où suivroit effectivement une bigamie, est le comble de l'absurdité, au lieu que rien n'est plus raisonable que cette loi dans un autre sens.

LETTRE XLVI. EUDOXE.

Non content d'avoir purgé dans les trois lettres précédentes, les trois ordonances qui en sont le sujet, de tout soupçon de poligamie, Eudoxe dans celle-ci, découvre en chacune d'elles un caractere d'oposition avec cet inique usage, come par un dessein marqué de la Providence qui a voulu qu'il n'y eut pas un seul mot de sa sainte loi, qui après avoir été pris en un sens si odieux, ne servît à confondre
les

les profanateurs. *Etranges subtilités de l'Auteur anglois. Précautions avant d'entamer la matiere des lettres suivantes.*

LETTRE XLVII. EUDOXE.

Examen d'un passage qui contient une deffense formelle de la poligamie, mêlée à la deffense des crimes les plus atroces qui se puissent comettre contre l'usage légitime des deux sexes. On détruit sans ressource les subterfuges, par les quels les comentateurs, juifs ou chrétiens, semblent avoir pris à tâche, d'obscurcir cette vérité, & d'y substituer tout le contraire.

LETTRE XLVIII. EUDOXE.

Examen d'un passage par où l'on prouve que la poligamie étoit interdite au roi d'Israël d'une maniere encore plus expresse qu'au peuple même, afin sans doute de tenir le monarque en bride contre la tentation d'imiter en quoi que ce soit, le luxe des rois d'Asie : d'où résulte enfin une démonstration complette, que cet injuste & pernicieux usage ne trouve dans la loi de Moïse, de même que dans l'histoire qui la précéde, au lieu d'un indigne apui, que les traits foudroyans de la proscription la plus générale qu'il soit possible.

CONCLUSION,

Dans laquelle l'auteur lui - même résumant toute la controverse d'Ariste & d'Eu-

doxe,

doxe, & y ajoutant nombre de réflexions fort importantes, tire les conséquences qui ont été le principal but de son ouvrage; but si utile, que s'il a eu le bonheur de le remplir selon ses vues, le reste n'est rien en comparaison de ce dernier point.

DIEU LE VEUILLE!

AVIS

AVIS
POUR LA
SOUSCRIPTION.

L'Ouvrage, ainſi qu'on l'a dit cy - deſſus, ſera exécuté en quatre volumes, qui
paroitront à deux mois de diſtance l'un de
l'autre dans le courant de cette anée.

On n'a point indiqué dans la table précédente cette diſtinction, parce qu'on ne
ſait pas encore bien les endroits où elle
tombera, ne s'y propoſant autre choſe
que de faire les volumes d'une groſſeur
égale, autant que cela ſe poura, ſans cou-
per trop ſenſiblement une même matiere.

Le volume ſera d'à-peu-près vingt-
cinq feuilles, du format & du caractere
de cet avis; le prix de chacun de *vingt*
ſous, pour les perſones qui auront ſouſ-
crit,

crit, & de *vingt-cinq fous*, pour les autres.

Come on a deffein que le premier volume ferve d'effai, la foufcription fera ouverte pendant deux mois environ depuis qu'il aura paru, c'eft-à-dire, jufqu'à ce que le fecond foit au jour, mais pas plus loin.

On ne demande aucune avance pour le préfent : mais en retirant le premier volume, les perfones qui auront foufcrit auront la bonté d'avancer le fecond, & ainfi du refte, come il eft jufte.

LA MONOGAMIE,

OU

L'UNITÉ

DANS LE MARIAGE.

TOME PREMIER.

LA MONOGAMIE,
OU
L'UNITÉ DANS LE MARIAGE.

LETTRE I.

ARISTE.

Préocupé de l'opinion comune, que la po-
ligamie est fort avantageuse à la pro-
pagation, & que come telle elle étoit
autorisée sous l'ancienne loi, Ariste té-
moigne à son ami sa surprise, de ce
que les églises chrétiennes en ont aboli
l'usage, quoique l'écriture sainte n'ait
condané cette pratique, nule part, à
ce qu'il prétend.

JE ne sai, Monsieur, si vous avez jamais fait réflexion à une chose fort surprenante à mon avis, qui m'est venue depuis quel-

ques jours à la pensée. Sur quel fondement, je vous prie, toutes les églises chrétiennes s'acordent-elles aussi
généralement qu'elles font, à rejetter
la poligamie. Entrons dans quelque
détail sur les circonstances de l'et l'a-
cord; je suis sûr qu'il ne vous paroitra
pas moins étrange, qu'il me le paroit
à moi-même.

Il est si rare de voir entre les sectes
chrétiennes une parfaite unanimité,
qu'un consentement universel sur un
point de cette importance a déjà droit
de nous surprendre. Cependant si la poligamie étoit quelque chose d'un genre
odieux come le viol & l'adultere, & si la
deffense s'en trouvoit distinctement é-
noncée dans l'écriture come celle de
ces crimes honteux, il n'y auroit pas
de quoi s'étoner. Ce font là les sujets,
mais aussi presque les seuls, sur lesquels

quels les chrétiens ont coutume de se réunir, & il n'y a que ceux qui dans les siecles passés ont été tout-à-fait indignes de ce nom qui ayent pu varier à cet égard.

Mais ici, Monsieur, c'est tout le contraire : bien loin qu'il s'agisse d'un vice ou d'un abus, la chose est en soi d'une extrême utilité, & très propre à contribuer à la propagation des homes. Seroit-ce donc que l'écriture l'auroit condanée, pour quelques raisons particulieres de la sagesse divine ; ce qui dès lors sufiroit pour la rendre illégitime ? Rien moins que cela, Monsieur. Parcourez tous les livres sacrés ; vous ne trouverez rien de clair & de décisif sur ce sujet, qui n'y soit très favorable. Il est vrai qu'à peine le nouveau testament fournit-il un trait qui y ait raport: mais par conféquent il n'a pu fervir à faire prendre un parti plûtôt qu'un autre; & je m'engage même à vous faire voir, que le peu qui s'y rencontre tend plûtôt à la tolérer qu'à la profcrire. Pour ce qui eft de l'ancien, il n'y a pas de doute que cet ufage n'y foit en mille endroits fortement autorifé, tant par les exemples des plus faints perfonages, que par des réglemens précis de la loi de Moïfe; réglemens, qui en fupofoient la pratique de la maniere la plus évidente, & la rendoient même néceffaire en certains cas. (*)

Il

(*) Quelqu'un qui n'auroit pas lu la préface, eft fans doute ici fort étoné. Il ne doit rien comprendre à ce langage, & certes ce n'eft pas la faute de l'auteur. Qu'eft-ce qu'Arifte? A qui écrit-il? Pourquoi écrit-il? Et

dans

ces réflexions ne produifent fur vous
le même effet, dès que vous y aurez
penfé. Pour moi je vous déclare,
que je fuis convaincu que fur cet article toutes les feƈtes chrétiennes, fans
exception, ont pris juftement le con-
trepied de ce qu'elles avoient à faire.
Et le malheur, c'eft que la religion
ne laiffe pas d'y être fort intéreffée,
ainfi qu'il me fera facile de vous le
prouver. Mais come ce que je dois
avoir l'honeur de vous dire fur ce fujet eft un peu long, je ne le ferai,
s'il vous plait, Monfieur, que par le
prochain ordinaire & les fuivans;
après quoi j'atendrai votre réponfe.

Je vous dirai que je prens fort à
cœur toute cette queftion, qui me paroit aujourd'hui beaucoup plus importante que je ne me l'étois jamais imaginé.

giné. Je vous prirois donc de vouloir bien y doner quelques momens de
votre atention, pour m'aider de vos
lumieres. Je ne ferois cependant pas
faché que vous viffiez de fuite auparavant toutes les réflexions qu'elle m'a
fait naître, afin que faififfant bien le
point de vûe fous le-quel je l'envifa-
ge, ce foit là-deffus, Monfieur, que
vous me faffiez la grace de régler vos
bons avis.

LETTRE II.

A RISTE.

*Après avoir détaillé les inconvéniens très
confidérables qu'il croit trouver dans l'a-
bolition de la poligamie, & les dificultés preffantes qu'un Incrédule lui a objectées à ce fujet avec beaucoup de hauteur, il avance que l'unique moyen de
réponfe, eft de faire voir que l'abolition de la poligamie n'eft pas de droit
divin, n'ayant pas même une aparence
de fondement dans l'écriture.*

Oüi, Monfieur, la religion n'eft
quel trop intéreffée dans ce comun acord de toutes les fectes chrétiennes à rejetter la poligamie. Il eft
bien étrange qu'on ne fe foit avifé de
fe réunir fur un fujet de cette nature,
que pour fe jetter come de concert

dans

dans le plus grand embaras. C'eſt par là qu'on a doné priſe aux reproches des incrédules, qui n'ont pas manqué de ſaiſir bien avidement l'ocaſion de nous prendre en deffaut. C'eſt de là, Monſieur, que vient cette hauteur avec laquelle ils nous objectent d'avoir aboli un uſage utile à la propagation des homes; un uſage conſacré par la pratique des plus ſaints perſonages que nous reconoiſſions dans l'antiquité; un uſage enfin authentiquement aprouvé par la loi de Moïſe, que nous regardons nous-mêmes come une loi divine, & come la baſe & le premier apui du chriſtianiſme.

Que leur répondre? Tout cela n'eſt-il pas vrai au pied de la lettre? L'embaras ne ſeroit pas de convenir de quelque opoſition entre les deux loix, puiſpuifqu'il y en a fans doute fur des points qui ne font que d'une médiocre conféquence. La dificulté ne feroit pas non plus à reconoître une opofition même affez confidérable, pourvû qu'elle eût pour objet une plus grande utilité des homes; puifque nous fomes les premiers à foutenir que tout le fiftême de la loi de grace, tant pour les chofes fpirituelles que pour les temporelles, n'eft que le dernier complément & la perfection de la loi judaïque. Mais dans ce cas-ci, Monfieur, l'opofition eft fur un point de grande importance; & cependant elle fe trouve toute à notre défavantage. Je vous avoue que cette objection me paroit dans toutes fes parties l'une des plus folides que les incrédules ayent jamais faites.

<table>
<tr><td>Tome I.</td><td>B</td><td>Je</td></tr>
</table>

Je conois un de ces Meſſieurs les eſprits-forts, qui dans les converſations que j'ai ſouvent avec lui ne ceſſe de preſſer cette objeſtion, pour laquelle il paroit avoir une prédileſtion toute ſinguliere; &, je vous le répete, Monſieur, il n'eſt pas poſſible de diſconvenir qu'il ne diſe à ce ſujet des choſes qui ne ſont aſſurément pas à mépriſer. Non content d'inſiſter d'une maniere tout-à-fait vive ſur l'opoſition facheuſe que les chrétiens ont avec la loi de Moïſe par raport à la poligamie, il va plus loin. Il s'en prend à la religion-même du mauvais effet qu'à produit l'abolition de cet uſage. Il l'acuſe *de ne tendre à rien moins qu'à dépeupler l'univers; & depuis moins de deux mille ans d'antiquité, elle n'y a,* dit-il, *que trop bien réuſſi.* En un mot

il

il foutient qu'il n'en faut pas encore
autant, pour achever l'entiere dévafta-
tion de notre Europe, qui n'eft pas
aujourd'hui le dixieme, & peut-être
même le vingtieme ou le trentieme
auffi peuplée, qu'elle l'étoit avant la
venue de Jefus-chrift.

Entre une infinité de raifons très
probables qu'il alégue pour prouver fa
thefe, je n'en vois pas de plus fortes
que cette remarque qu'il m'a fait faire
au fujet des peuples du Nord, remarque de la vérité de laquelle il n'y a pas
lieu de douter. C'eft un fait conu,
qu'autrefois les nations feptentrionales
étoient fi nombreufes, qu'elles étoient
obligées d'envoyer de fiécle en fiécle ,
& plus fréquemment quelquefois, toute la fleur de leur jeuneffe chercher de
nouvelles habitations.   Des quatre-

B 2   cent,

cent, cinq-cent-mille homes, des huit-cent-mille, des millions fe voyoient contraints d'évacuer un pays furchar-gé de l'exceffive multitude de fes ha-bitans. Ces innombrables armées, come des effaims, fe répandoient de toute part , & inondoient périodi-quement les unes après les autres les provinces de l'empire romain. A peine un peuple s'étoit-il fixé dans quelqu'une , qu'il en furvenoit un autre plus nombreux qui l'en chaf-foit. Or depuis quand ces tranfmi-grations fi fréquentes ont-elles cef-fé ? La chofe eft parlante, Mon-fieur. C'eft précifément depuis que l'introduction du chriftianifme a fait abolir chez toutes les nations du Nord . . . l'utile ufage de la poli-gamie.

Une

Une preuve de cette force fait affez fentir qu'il n'y a que trop de réalité dans l'acufation du bel-efprit dont je vous parle. Cependant, Monfieur, cette acufation eft bien grave. La propagation de l'efpece eft d'une fi grande importance, que tout ce qui l'ataque ne peut être regardé d'un œil indiférent. Je ne fais pas même dificulté d'avouer, que s'il étoit une fois bien prouvé que la religion chrétienne entrainât effentiellement avec foi un fi funefte inconvénient, ce feroit la plus terrible objection qu'on pût aléguer contr'elle, & la plus propre à caufer fa ruine, puifque les princes n'auroient pas d'intérêt plus vif, dès qu'ils auroient ouvert les yeux, que célui, d'extirper une erreur, capable feule de dépeupler leurs états.

B 3

C'eft

C'eſt la conſéquence que tire ſans façon mon incrédule. Enſuite ajoutant à ces raiſons l'inſulte & la raillerie, il reproche à notre ſainte religion de s'être elle-même fermé l'entrée de plus de la moitié des nations de l'univers par un réglement ſi déraiſonable. „ Elle ſe vante, dit-il, de con-
„ quérir ſucceſſivement tous les peu-
„ ples du monde: mais ce ſera bien
„ le plus grand des miracles qu'elle
„ prétende s'être opérés en ſa faveur,
„ ſi elle parvient à ſe faire reconoître
„ des peuples chez qui la poligamie
„ eſt en uſage à un certain point.
„ C'eſt une bariere qu'elle ne franchira
„ jamais. Il eſt vrai que les nations
„ ſeptentrionales l'ont reçue ; mais
„ outre que la force & la politique y
„ ont eu beaucoup de part, il s'en fa-
„ loit

„ loit bien que l'ufage de la poligamie
„ y fut porté au même point, & re-
„ gardé come auffi facré qu'il eft en
„ Turquie, au Japon, & fur-tout à la
„ Chine, ce pays fi prodigieufement
„ peuplé qu'il ne vient à bout de con-
„ tenir la multitude immenfe de fes
„ habitans, qu'à l'aide de l'excellente
„ police & des arts que n'avoient
„ point les peuples du Septentrion.
„ Non, dit-il, c'eft une bariere que ja-
„ mais le chriftianifme ne franchira,
„ & c'eft là que viendront fe brifer
„ toutes les belles efpérances de fa
„ grandeur future.   Auffi ne voit-on
„ pas, ajoute-t-il, que les miffionaires
„ y ayent eu aucun fuccès bien confta-
„ té, fi ce n'eft parmi la plus vile popu-
„ lace qui n'eft gueres dans le cas d'ê-
„ tre arêtée par cet obftacle.”

B 4   Ceci,

Ceci, Monſieur, me paroit mériter encore bien de l'atention. Mettons de coté la raillerie de notre incrédule, qui porte certainement à faux. Car s'il eſt eſſentiel à la religion chrétienne de rejetter l'uſage de la poligamie, Dieu ſaura bien par ſa grace toute puiſſante lever un jour cet obſtacle, come il a ſu faire triompher l'oprobre de la croix de tout l'orgueil des ſages & des rois de la terre. Mais, Monſieur, ſi cela n'eſt point eſſentiel, ſi c'eſt ſans un légitime fondement que nous avons oſé proſcrire un uſage utile & reſpectable, un uſage que les ſaintes écritures autoriſoient elles-mêmes, ne nous rendons-nous pas coupables de la perte de tant de nations, ſur les quelles nous apéſantiſſons un joug qui leur eſt inſuportable. C'eſt nous, & non pas la religion,

gion, qui leur opofons cet infurmontable obftacle; c'eft nous qui mettons
à leurs pieds cette pierre d'achope-
ment & de fcandale. Qu'avons-nous
à répondre aux mahométans, qui re-
çoivent auffi bien que nous l'autorité
d'Abraham, de Jacob, de Moïfe, de
David, & de tous les autres faints perfonages de l'antiquité judaïque? Qu'a-
vons-nous à leur répondre, lorfque
pour la deffenfe d'un des points les
plus facrés de la foi mufulmane, ils
nous montrent que la doctrine de leur
faux prophete eft plus conforme, fur
un article de cette importance, à l'ancienne loi de Dieu, que ne l'eft cette religion dont nous vantons l'excellence, & qui ne va pas moins
qu'à rendre défert, le monde qu'elle
prétendoit rendre plus faint & plus
parfait?

B 5

Voilà,

Voilà, Monſieur, la dificulté dans toute ſon étendue. Oſerois-je vous dire préſentement que quelque inſoluble que je l'aye crue d'abord, Ije ne ſai ſi je n'aurois pas eu le bonheur d'en imaginer la ſolution. Je m'atens à la vérité que l'expédient va vous paroître bien hardi; mais enfin il ſe pouroit pourtant qu'il fût l'unique. Au moins la ſolution eſt-elle d'une extrême facilité; & pour peu que le fonds ne ſoit pas inſoutenable, il eſt ſûr que quant à l'effet il ne ſe peut rien de plus ſatisfeſant.

Fatigué des ataques continuelles de l'home en queſtion, & chagrin de me retourner ſans ſuccès de diférens cotés pour lui répondre, cette penſée s'eſt préſentée tout-à-coup à mon eſprit. ,, Sur quels fondemens, me ,, ſuis-je dit à moi-même, toutes les ,, égli-

„ églifes chrétiennes s'acordent-elles à
„ rejetter la poligamie ? Mais vrai-
„ ment, plus j'y réfléchis, moins j'en
„ trouve qui ait aucune ombre de
„ vraifemblance. Quoi ne feroit-ce
„ qu'un point de difcipline pure-
„ ment humain, qu'on auroit regar-
„ dé par abus, avec la fuite du tems,
„ come un article effentiel de la re-
„ ligion ? "

C'eft cela même, Monfieur, &
rien de plus. Daignez y faire réflexion ; vous verrez come moi, que c'eft
un réglement tout humain que les
loix romaines ont probablement oca-
fioné. Vous favez qu'elles rejettoient
auffi la poligamie ; mais cet inconvénient étoit compenfé par plufieurs autres réglemens très favorables à la
propagation, qui n'ont point lieu par-

mi

mi nous. Les romains & les sujets de leur empire en embraffant le chriftianifme auront confervé le même ufage de ne prendre jamais qu'une feule femme, à quoi la religion fe fera d'autant plus aifément prêtée que la poligamie n'eft après tout qu'autorifée dans l'ancienne loi, & non pas comandée come dans celle de Mahomet. Enfin quoiqu'il en foit, de quelque maniere que cela puiffe être arivé, il n'y a pas de doute à ceci; c'eft qu'une deffenfe fi contraire à l'ancienne loi n'eft point émanée de l'autorité de Jefus-chrift, qui ne s'en eft expliqué nule part, ni par lui-même, ni par fes apôtres, dans aucun livre de la nouvelle aliance. Et par conféquent à quoi tient-il que les prédicateurs de l'évangile pour ramener

r ner les infideles, & les princes chrétiens pour le bien de leurs états, ne
faſſent, s'ils le jugent à propos, quelques changemens à cet égard, ſelon
que la prudence le demandera ? A
quoi tient-il, Monſieur ?

    Cette ſolution, come vous le voyez,
ſupoſe qu'effectivement Jeſus-chriſt
ni ſes apôtres n'ont fait aucune deffenſe de la poligamie. Je ne crois
pas que vous en doutiez, ſurtout a-
près que j'ai eu le bonheur d'en convaincre mon incrédule, à qui j'ai preſque fermé la bouche par ce moyen.
Cependant come on pouroit faire naître quelques chicanes ſur ce ſujet, j'y
ai pourvu, & je vous enverrai mes
preuves, ou du moins une partie, par
le prochain ordinaire : le reſte ſuivra.
Je vous ſuplie de nouveau de vouloir

                      bien

bien y doner quelques momens d'atention, pour m'aprendre fi vous croyez
qu'on fe puiffe fervir de cette ouverture. J'augure déjà que la plûpart des
gens ne manqueront pas d'en être ré-
voltés : mais cela ne devra point
m'arêter, Monfieur , s'il eft vrai que
je fois fondé en raifon, & s'il eft encore plus vrai, come je le penfe, que
notre fainte religion foit intéreffée
vivement dans cette afaire.

LET-

LETTRE III.

ARISTE.

Raisons de croire que le nouveau testament n'a point révoqué la permission de la poligamie, come il a révoqué celle du divorce. Comparaison entre ces deux usages, & reflexions qui tendent à prouver que l'abolition de la poligamie n'auroit pas dû être moins authentique que celle du divorce, suposé qu'il eut plû à Jesus-christ d'abroger cette premiere coutume, come il lui a plu d'abroger l'autre.

MONSIEUR, pour que la solution que j'imagine puisse avoir lieu, il ne s'agit que d'établir cette vérité, que je n'ai fait que suposer dans les précédentes; c'est que Jésus-christ ni ses apôtres n'ont condané nule part la poligamie. Je ne crois pas

que

que cela puiſſe être conteſté, ſi ce n'eſt par ces théologiens, qui pour montrer qu'ils ont meilleure vue que les autres, ſe piquent de voir non ſeulement ce qui n'eſt pas, mais le contraire de ce qui eſt. Ce ſont ceux-là, en très petit nombre, qui ont prétendu trouver des deffenſes de la poligamie juſques dans l'ancien teſtament; opinion extravagante qui ne leur a point fait d'honeur. Mais enfin, parcequ'il n'y a rien de ſi inſoutenable qui ne puiſſe être avancé, j'ai, come je vous ai dit, prévenu les chicanes. Voici mes preuves.

Pour ce qui regarde Jeſus-chriſt, la choſe, Monſieur, ne fait point de dificulté. Je puis garantir, & vous le voyez auſſibien que moi, que dans les quatre évangéliſtes il n'y a pas un

ſeul

feul paffage qui ait raport à cette queftion. Il y eft parlé du divorce en plufieurs endroits; nulement de la poligamie. Si quelqu'un en doutoit, je
ne pourois d'une affertion négative
telle que celle-ci, lui doner de preuves pofitives ; il n'y a pas moyen.
Ce que j'aurois de mieux à faire, ce
feroit de lui dire de chercher lui-
même ces paffages, & de les produire, s'il le pouvoit, en l'avertiffant
bien que perfone n'y a réuffi jufqu'à
préfent.

A l'égard des autres livres du nouveau teftament, on y trouve à la vérité deux paffages qui ont quelque raport à cette matiere, mais d'une maniere fort indirecte. Tous deux font
de l'apôtre St. Paul; l'un dans le chapitre feptieme de la premiere épître

aux Corinthiens, l'autre dans le troisieme chapitre de la premiere à Timothée. C'est tout, & je deffie d'en ci-
ter d'autres. Car on ne doit compter
que come un seul, celui qui étant répété deux fois dans l'épître à Timothée se lit encore dans l'epître à Tite
pour la troisieme fois : ou si l'on veut
le compter pour trois, je n'aurai garde de m'y opofer, puisque celui-là
m'est favorable.

Or préfentement, Monfieur, l'emploi que l'on peut faire de ces deux
paffages pour la queftion dont il s'a-
git, nous mene à des conclufions fort
diférentes. Le premier eft le feul, de
tous les livres des apôtres, de tout
le nouveau teftament, & parconféquent auffi de toute l'écriture fainte,
le feul, vous dis-je, dans le quel une

per-

perſone raiſonable pouroit imaginer une deffenſe de la poligamie, ſi elle avoit bien envie d'en trouver une. Pour le ſecond c'eſt toute autre choſe; il la favoriſe certainement, & d'une maniere beaucoup plus évidente que l'autre ne lui paroit d'abord contraire. C'eſt ce que je m'engage à vous démontrer. Mais come cela demande d'être traité avec quelque étendue, j'en ferai le ſujet de pluſieurs lettres, & me contenterai pour achever celle-ci, d'une remarque qui poura ſervir à mettre dans un jour avantageux, ce qu'il me reſte à vous dire, en confirmation de mon idée.

La voici cette remarque. C'eſt qu'à mon avis, Monſieur, pour pouvoir aſſurer qu'un uſage, auſſi autoriſé que l'eſt la poligamie dans l'ancien teſta-

C 2

ment,

ment, foit abrogé par le nouveau, il faudroit s'apuyer dans celui-ci d'un paffage pour le moins, où cette deffenfe fut comprife fans équivoque. Je crois même que ce ne feroit pas trop d'exiger, que dans ce paffage on vît quelque raifon d'un changement de cette importance, ou du moins qu'il renfermât quelque allufion à l'ancien ufage que la nouvelle loi auroit jugé convenable d'abroger. Un exemple confidérable, & tout paralele à ce cas-ci, va vous faire entendre ma penfée.

Le divorce étoit permis dans la loi de Moïfe ; mais cette permiffion n'avoit été donée aux juifs qu'à caufe de la dureté de leurs cœurs. Jéfus-chrift en la révoquant a foin de s'en expliquer lui-même en termes à ne

laiffer

laiſſer aucun doute, dans une ocaſion où il fut conſulté ſur ce ſujet. Conſultation, prenez-y bien garde, Monſieur, qui fait voir que la choſe n'étoit pas même trop conſtatée parmi les juifs, qui probablement étoient en balance entre la permiſſion qu'ils liſoient dans la loi, & ce paſſage du prophete Malachie (a), où il eſt dit expreſſément *que Dieu a en horreur que que l'on renvoie ſa femme.* C'eſt ce qui a fait croire avec raiſon à pluſieurs comentateurs, que le réglement de Moïſe ſur le divorce eſt moins une permiſſion du divorce, qu'une ordonance qui tend à limiter cet abus, le légiſlateur n'ayant pas cru devoir le proſcrire abſolument, à cauſe de l'o-

pinia-

______
(a) Ch. 2. v. 16.

piniatreté du peuple vicieux auquel il avoit à faire.

Quoiqu'il en foit, on peut dire pourtant en un certain fens, & Jefus-chrift ne fait point dificulté d'en convenir, que cette ordonance fupofe une permiffion réelle du divorce. Mais voyons un peu de quelle maniere s'y prend ce divin réparateur de la loi pour coriger cette légere imperfection. Rien au monde n'eft moins fufceptible d'ambiguités, & d'équivoques. ,, Vous avez lu, dit-il (a) au ,, peuple affemblé, ce qui a été prefcrit à vos anciens. *Si quelqu'un ré-* ,, *pudie fa femme, qu'il lui done la let-* ,, *tre de divorce.* Mais moi je vous ,, déclare que quiconque répudie fa ,, femme, fi ce n'eft pour caufe d'in- ,, fidé-

(a) Mat. Ch. 19. v. 9.

„ fidélité, comet adultere, s'il vient
„ à en prendre un autre. ”

Voilà ce qui s'apelle une authentique abrogation d'un ufage abufif; &
c'eſt une chofe remarquable que cette
abrogation fe trouve répétée en quatre ou cinq endroits du nouveau teſtament, come fi le Saint Efprit avoit
craint que les homes n'y fiffent point
affez d'atention. En faudroit-il moins,
Monfieur, pour la poligamie ? Non
fans doute. Car quelle énorme diférence n'y a-t-il pas entre ces deux
ufages, & cela tout à l'avantage de
ce dernier, come le paralele, ou plûtôt le contrafte que vous alez voir,
le peut faire aifément conoître?

Le divorce premiérement n'eſt autorifé dans l'écriture d'aucun exemple refpectable. L'on ne peut regar-

C 4

der

der comme telle la féparation forcée d'Agar & d'Abraham, puifque ce faint patriarche ne s'y détermina que malgré lui, fur les inftances de Sara fa principale époufe, & après un ordre formel de Dieu, (a) qui prit la peine de le raffurer en même tems fur le fort d'Agar & de fon fils, en lui promettant que d'eux dévoit fortir une nation puiffante & belliqueufe, cas tout-à-fait extraordinaire, qui conftitue déja une difparité des plus notables. Enfuite cet ufage, ainfi que je l'ai dit ci-deffus, n'eft pas aprouvé ni permis même à la rigueur par la loi de Moïfe. L'article qui le regarde, (b) article unique, ne fert qu'à le reftraindre de plus d'une maniere,

(a) Gen. 21. v. 12.   (b) Deut. 24. v. 1.

niere, & ne peut contribuer naturellement qu'à en rendre les exemples fort
rares, en obligeant un mari à y penfer plus d'une fois avant d'en venir à
cette facheufe extrêmité.   Car la loi
lui interdifoit à jamais la poffeffion
d'une femme, pour laquelle il n'étoit
que trop facile qu'il fentît de violens
retours de tendreffe, du moment
qu'elle ne feroit plus en fon pouvoir.
Enfin Dieu par la bouche de fon prophete (a), bien avant la venue du Sau-
veur, avoit déja come abrogé cet u-
fage en déclarant qu'il atiroit fon indignation ; & les juifs, malgré l'é-
trange abus qu'ils en fefoient, paroif-
foient bien n'être pas perfuadés qu'il
fût légitime, puifqu'ils en difputoient

entr'eux

(a) Malach. Ch. 2. v. 16.

C 5

entr'eux, lorsqu'ils prirent (*a*) Jesus-christ pour juge de cette question.

Mais la poligamie, Monsieur, est-elle donc dans le même cas ? C'est un usage utile à la société, au-lieu que l'autre n'est capable que de mettre du trouble & de la confusion dans les familles & dans les héritages. C'est un usage autorisé par les exemples des plus saints personages, Abraham, Jacob, Elcana pere du prophete Samuel, le saint roi-prophete David ce prince selon le cœur de Dieu, Salomon même dans le tems de sa plus grande sagesse. C'est un usage dont la loi de Moïse a si bien suposé la pratique, qu'elle a fait à ce sujet un réglement (*b*) exprès ; réglement, qui tend

(*a*) Math. 19. v. 3. (*b*) Deut. 21. v. 15.

tend non à la reſtraindre come celle du divorce, mais à prévenir un inconvénient qui pouvoit ariver dans le partagé des biens, entre le fils d'une femme aimée, & le fils de celle qui auroit eu le malheur d'encourir la diſgrace de ſon époux. Enfin pour tout dire, Monſieur, c'eſt un uſage dont les vues de la ſageſſe divine avoient fait elles-mêmes en certaines rencontres un devoir & une obligation (*a*) indiſpenſable, lorſqu'il s'agiſſoit d'épouſer la veuve d'un proche parent, mort ſans poſtérité.

Supoſons donc qu'il ait plu à Jeſus-chriſt d'abroger cet uſage ſous la nouvelle loi, ſoit de ſa propre bouche, ſoit par le miniſtere de quelqu'un de ſes apôtres. Quoi n'étoit-il pas à pro-

(*a*) Deut. Ch. 25. v. 5.

propos de s'y prendre d'une maniere aussi nette, aussi précise, aussi positive, que lorsqu'il s'étoit agi d'abolir le divorce? N'auroit-il pas dû dire, ou faire dire à celui de ses apôtres qu'il auroit chargé de cette importante comission? „ Vous savez qu'un mê-
„ me home a toujours pu épouser
„ plusieurs femmes; Moïse y fait une
„ allusion sensible en quelques en-
„ droits; les patriarches & les saints
„ en ont doné l'exemple; il y avoit
„ même des cas où l'on ne pouvoit
„ s'en dispenser. Mais je vous en a-
„ vertis; en vue d'une plus grande
„ & plus éminente perfection je chan-
„ ge aujourd'hui toutes ces choses.
„ Dorénavant cet usage si utile, si
„ respectable, ne sera plus regardé
„ que sur le pied d'un infâme & dé-
„ testable adultere ".

Cet

Cet avertissement, Monsieur, ne feroit pas de trop, puisque Jesus-christ en a fait un tout pareil dans une ocasion qui l'exigeoit beaucoup moins, ainsi que nous venons de voir. Mais je n'en demande point tant ; & je tiendrois l'usage de la poligamie pour authentiquement abrogé dans le nouveau testament, malgré l'autorité de l'ancien, si l'on me montroit un seul passage qui le condamnât, même sans toutes ces précautions , pourvû que ce fut d'une maniere claire & décisive.

Or c'est ce qui n'est point. Je vous le répete, on n'y trouve en tout que les deux passages en question qui y aient quelque raport. De ces deux passages, l'un est plus favorable que contraire à la poligamie, & tend, sinon à en a-

prou-

prouver l'ufage, du moins à conftater
que l'apôtre St. Paul le foufroit encore parmi le comun des fideles. L'autre à la vérité eft plus défavantageux;
mais il n'eft rien moins que décifif,
étant placé dans de telles circonftances, qu'il faute aux yeux que tout ce
qu'on lit dans cet endroit ne peut être
pris que pour de fimples confeils, que
l'apôtre y done, non à nous, non à
tous les chrétiens en général, mais
aux feuls fideles de fon tems.

C'eft ce que j'efpere vous démontrer, Monfieur, dans les deux lettres
fuivantes.

LETTRE IV.

ARISTE.

*Il tâche de prouver par un passage de la
premiere épître à Timothée & de celle
à Tite, que dans les tems apostoliques
la poligamie n'étoit point interdite au
comun des fideles, come elle ne l'étoit
point aux juifs sous l'ancienne loi.*

IL s'agit dans celle-ci, Monsieur,
de vous faire voir que des deux
passages du nouveau testament qui ont
quelque raport à la poligamie, il y en
a un qui ne peut servir qu'à l'autoriser,
en nous convainquant que du tems des
apôtres cet usage pouvoit encore être
légitimement pratiqué par le comun
des fideles, dans les lieux, bien entendu, où les loix de l'état ne l'avoient
point interdit. Donez-vous la peine

de

de lire le troisieme chapitre (*a*) de la premiere à Timothée. Vous y trouverez que St. Paul parlant des devoirs particuliers de l'évêque, ou plûtôt de la perfection à la quelle il doit ateindre, & des qualités néceſſaires à ceux qu'on pouvoit admettre à l'épiſcopat, y met entr'autres cette obligation, de n'être *le mari que d'une ſeule femme*; ce qu'il recommande auſſi un peu plus bas (*b*) aux diacres, & dans l'épître à Tite, (*c*) aux anciens, auſſi-bien qu'à l'évêque, c'eſt-à-dire à tous les miniſtres, mais aux ſeuls miniſtres des égliſes. La conſéquence eſt facile à tirer. Pour le faire, daignez ſuivre ces réflexions.

Rapelez-vous, Monſieur, ce paſ-ſage

(*a*) V. 2.   (*b*) V. 12.   (*c*) Ch. I. v. 6.

fage du deuteronome, (*a*) où Moïfe interdifoit au roi d'Ifraël la liberté d'avoir, felon quelques interpretes, *un grand nombre de femmes*, mais felon d'autres, *plufieurs, de peur qu'elles ne le détournaffent de fon devoir* (*b*). Il n'y a comentateur un peu raifonable, à ce que

(*a*) Ch. 17. v. 17.

(*b*) Arifte eft bien étrange de conoître ce paffage, qui de quelque façon qu'on le prenne, met Salomon & David même dans leur tort, & cependant de s'être apuyé de leurs exemples, come il a fait. C'eft une grande inconféquence, & ce n'eft pas la feule où tombe le bon Arifte. Mais il faut penfer qu'il deffend un fiftême, qui pour être le plus fuivi, n'en eft pas moins faux & infoutenable. L'erreur ne conduit qu'à l'erreur ; & bien d'autres font peut-être encore plus étranges dans leur maniere de raifoner fur ce fujet, fans que néanmoins le principe de vraifemblance tiré du caractere d'Arifte dans

Tome I.   D   la

que je fache, qui ne regarde ce paffage come un de ceux de l'ancien teftament qui prouvent le mieux, que la
poligamie étoit alors chez les juifs un
ufage ordinaire & légitime. Car fi
elle eut été deffendue généralement à
tous les ifraëlites, come le meurtre
par exemple & le larcin, il feroit fort
ridicule de l'énoncer en particulier
parmi les chofes dont le prince étoit
dans l'obligation de s'abftenir, come
il feroit fort ridicule de mettre parmi
fes devoirs de ne tuer ni ne voler perfone. Ainfi donc puifque Moïfe fait
une loi particuliere pour interdire au roi
la poligamie, & qu'il ne le fait point

pour

la préface, ait affurément le moindre lieu à
leur égard.

*On l'a anoncé d'un caractere foible, & avec
des lumieres affez bornées.*

pour les autres; qu'aucontraire il done des réglemens qui supofent une pratique conftante de cet ufage; on eft obligé d'en convenir, Monfieur, c'eft une preuve, que le légiflateur ne jugeoit point à propos de la deffendre à tout le peuple d'Ifraël en général, mais feulement à fon prince, pour la raifon qu'il en a marquée; ce qui même paroit n'avoir point eu lieu (a).

Il n'eft pas dificile de faire l'aplication de ce raifonement au paffage de l'épître à Timothée. L'apôtre recomande aux évêques, aux anciens &

aux

(a) Les trois premiers rois, d'un caractere fi diférent, Saül, David & Salomon, l'un réprouvé, l'autre felon le cœur de Dieu, & le dernier du falut du quel on eft très incertain, ont été dans le cas de la poligamie, fans parler de quantité d'autres.

D 2

aux diacres, de n'avoir qu'une feule femme, aparemment afin qu'ils ne foient pas détournés du foin de leurs églifes par les embaras d'un ménage trop nombreux. Mais il n'étend point à d'autres cette obligation. Donc il y a preuve, & preuve démonftrative, que la poligamie étoit alors pratiquée parmi le comun des fideles, fans que le chriftianifme y mît obftacle.

Il eft vrai qu'on peut objecter que l'apôtre recomande en même tems aux miniftres des églifes, de s'abfténir de plufieurs vices, qui certainement font auffi deffendus à tous les chrétiens en général. Cela paroit d'abord diminuer beaucoup, & même anéantir toute la force de ma preuve. Cependant examinons la chofe de plus près, & vous jugerez, Monfieur, que cela n'y fait point de tort.

En

En premier lieu, parceque cette deffenſe d'avoir pluſieurs femmes n'eſt point mélée à l'énumération des vices dont l'évêque doit s'abſtenir, mais à celle des perfections, qui lui ſont pro-pres, & qui doivent le diſtinguer des autres, en cette ſorte : *Il faut que l'évê-que ſoit irrépréhenſible,* MARI D'UNE SEU-LE FEMME, *vigilant, modéré, hoſpitalier, ſavant & propre à enſeigner les fideles.* Mettez dans ce paſſage aulieu de *mari d'une ſeule femme* l'excluſion de quelque grand crime, tel que l'adultere, que les chrétiens ne regardent pas come plus énorme que la poligamie, & qu'ils puniſſent moins ſévérement ; tournez, dis-je, ce paſſage de cette ſor-te ; *Il faut que l'évêque ſoit irrépréhenſible,* QU'IL S'ABSTIENNE DE COMETTRE A-DULTERE, *qu'il ſoit vigilant, modéré, &c.*

D 3   Vous

Vous fentez que cela révolte le fens comun, puifqu'il eft du dernier abfurde de méler la deffenfe d'un crime énorme parmi les caracteres diftinctifs de la vertu la plus parfaite.

En fecond lieu la chofe demeure encore prefque la même, en ne confidérant pas, fi l'on veut, d'une maniere fi ftricte la place où font ces paroles, *mari d'une feule femme*, mais confentant à les comparer avec les vices dont l'évêque doit s'abftenir. Qu'eft-ce que ces vices après tout? C'eft d'être *queréleur, adoné à fon fens, violent jufqu'à fraper, fujet au vin, avare, convoiteux d'un gain deshonête pour enfeigner ce qui ne fe doit point*. Ce font-là des vices fans doute, & des vices très groffiers; mais ce ne font pas des crimes de telle nature, qu'il ne fût rai-

fona-

nablement abſurde de leur joindre celui d'avoir pluſieurs femmes, ou de ſe
rendre coupable d'adultere, ce qu'on
prétend revenir au même. Cela ſeroit inſoutenable, à moins que l'énumération ne fût plus grande & preſque complette, enſorte qu'elle renfermât d'autres vices ou d'autres actions
criminelles moins diſproportionées,
telles que le vol, le meurtre, la fornication, &c. Encore en cette ocaſion rien ne ſeroit plus déplacé, puiſque c'eſt bien ici, ou jamais, le cas du
*nec nominetur inter vos. Que ces crimes
honteux ne ſoient pas només ſeulement parmi vous!* Coment dont ſeroit-il ſupor-
table de voir énoncer en termes exprès
parmi les obligations des prêtres &
des évêques, de n'être ni voleurs, ni
fornicateurs, ni meurtriers? Cela s'en-

D 4

tend

tend de reste assurément, & sans qu'il soit néçeffaire de leur faire repaffer tout le décalogue dans la mémoire.

Que diroit-on, Monsieur, si quelque saint personage, ou quelque pieux réformateur, dans des lettres circulaires qu'il adrefferoit aux pasteurs de nos églifes, s'avifoit de leur recomander de n'avoir pas plufieurs femmes, & cela au milieu d'une exhortation à être „ irrépréhensibles, vigilans, modé-
„ rés, doux, fages, juftes, faints, con-
„ tinens, hofpitaliers, honorables, ai-
„ mant les gens de bien, ayant bon té-
„ moignage de tout le monde, retenant
„ leurs enfans foumis dans toute la pure-
„ té des mœurs, conduifant honête-
„ ment leurs familles, confervant le mif-
„ ftere de la foi dans une confience pu-
„ re, propres à enfeigner, propres à con-
mer

„ firmer les fideles par une faine doctri-
„ ne, & à convaincre les contredifans
„ par la folidité des preuves. „ Car voilà, Monfieur, la lifte des vertus & des
qualités que St. Paul exige pour le miniftere, foit dans l'épître à Tite, foit
dans celle à Timothée, & dans l'une
& l'autre ces mots *mari d'une feule femme* fe trouvent à la feconde place, immédiatement après le terme *d'irrépré-
henfible* qui renferme tous les autres en
lui feul.

Supofons donc qu'aujourd'hui un
pieux réformateur tînt un pareil langage. Quand même il prefcriroit enfuite de s'abftenir des autres vices dont
l'apôtre fait ici mention, je crois,
Monfieur, qu'avec tout fon zele il cour-
roit rifque infailliblement de fe faire
moquer de foi. C'eft pourtant l'abfur-

D 5

dité

dité qu'il faut fe réfoudre à préter à l'apôtre St. Paul, fi l'on entreprend de foutenir, qu'en interdifant à l'évêque la poligamie, il ne lui interdifoit rien qui ne le fût de même à tous les fideles, *fous peine d'adultere*, come on fe l'imagine parmi nous. Et l'on objecteroit envain qu'il y auroit entre l'apôtre & ce réformateur cette diférence, qu'aujourd'hui la poligamie n'eft plus du tout en ufage chez les chrétiens, aulieu qu'elle l'étoit alors. Vraiment je le prétens bien auffi : mais je demande ; Si cet ufage étoit en foi illégitime, fpourquoi l'apôtre ne le deffend-il pas au refte des fideles, & pourquoi place-t-il l'obligation de s'en abftenir, parmi les qualités les plus éminentes, d'un fujet digne du miniftere évangelique ? Voilà, Monfieur ;

ce

ce qui fait la force invincible de mon argument.

Je fai bien que par ces paroles, *mari d'une feule femme*, il y en a qui croyent que c'eft du divorce & non de la poligamie qu'il eft queftion, ou même de l'un & de l'autre. Mais ceci eft encore infoutenable de quelque maniere qu'on l'entende; car il y en a deux fort diférentes.

Les uns prétendent que parmi les obligations de l'évêque l'apôtre renferme celle de ne point faire divorce avec fa femme. Il eft clair que cette explication n'eft pas recevable, puifqu'elle agraveroit l'abfurdité plûtôt qu'elle ne la diminuroit. Je reprens contre ceux-là tout ce que j'ai dit. Le divorce eft qualifié par Jefus-chrift même d'adultere dans les formes. Cela regarde

à

à toute rigueur les chrétiens en général. Il n'eſt donc pas raiſonable de
répéter la deffenſe d'un crime ſi énorme à l'évêque en particulier, & cela
dans l'énumération de quelques vices
dont il doit s'abſtenir, & ce qui eſt
plus abſurde encore, des perfections
par les quelles il doit édifier ſon
peuple.

Il y en a d'autres, qui ſans doute
pour avoir ſenti cette dificulté, croyent
que le ſens de ces paroles eſt d'interdire l'épiſcopat & le miniſtere évan-
gélique, à ceux à qui l'on pouroit reprocher d'avoir fait légérement divorce avec leurs femmes. Mais qui ne
voit que ceci n'eſt pas plus raiſonable
que tout le reſte ? Il eſt bien vrai que
l'apôtre dans cette ocaſion parle également de ce qui doit s'obſerver pour le

choix

choix d'un évêque, & de ce que doit obferver l'évêque lorfqu'il eft en pla-ce: mais à l'égard du premier objet, ce n'eft pas à dire qu'il faille recher-cher toute la vie d'un home dès fa jeu-neffe, pour juger s'il peut être admis au miniftere. Le terme même d'*irré-préhenfible* ne s'étend pas jufques-là, puifqu'il eft conftant que dans les fie-cles les plus voifins des tems apoftoli-ques, on a fouvent élevé, au facerdoce & à l'épifcopat, de faints perfonages, qui n'avoient pas toujours mené une vie bien réguliere, & qui s'étoient même rendus coupables de crimes plus odieux que celui d'avoir fait autrefois divorce avec leurs femmes.

S'il eft donc vifible, Monfieur, qu'aucune de ces interprétations ne peut être admife, il fuit des diverfes
ré-

réflexions que j'ai faites, que l'apôtre en deffendant ici aux évêques &
aux prêtres d'avoir plusieurs femmes,
ne leur deffend point un crime, mais
leur recomande seulement un dégré de
perfection, plus éminent, que celui qui
étoit nécessaire au comun des fideles;
soit parce que s'abstenir de la poligamie étoit une marque d'une plus grande continence, soit qu'il ne jugeât pas
que les embaras d'un ménage nombreux pussent s'acorder avec la multitude des soins & des fonctions de l'é-
piscopat, soit enfin pour quelqu'autre
raison qui ne nous est pas conue.

C'est ainsi, Monsieur, que Diodo-
re de Sicile nous aprend que chez les
Egiptiens les sacrificateurs étoient obli-
gés de n'avoir qu'une seule femme.
C'est ainsi que nous voyons dans l'his-
to-

torien Jofephe, que le fouverain pon-
tife s'abftenoit fcrupuleufement , en
vue d'une plus grande perfection, de
l'ufage du divorce. & de la poligamie,
acordé à tous les juifs, outre que nous
trouvons dans la loi qu'il avoit une
obligation particuliere, qui étoit de ne
jamais époufer qu'une vierge. C'eft
enfin ce qu'obfervent encore aujourd'-
hui en quelque forte les catholiques
romains, dans un dégré de rigueur bien
plus outré. Ils exigent, non que leurs
évêques & leurs prêtres n'ayent qu'u-
ne feule femme, mais qu'ils n'en ayent
point du tout. Ce n'eft pas qu'ils croyent que ce foit pour les autres un crime que d'être mariés ; ils ne pouffent
pas le fanatifme jufques-là : mais c'eft
que regardant l'état du célibat come plus
pur & plus parfait, ils ont cru devoir
af-

affigner cet état plus excellent à la dignité du facerdoce.

Voilà probablement, Monfieur, pourquoi St. Paul qui femble n'être pas tout-à-fait exempt de préjugés à cet égard, à caufe des conjonctures où il vivoit, voilà, dis-je, pourquoi il recomande ici aux évêques & aux prêtres de fe diftinguer des autres, du moins par cette marque de continence, de ne fe doner jamais la liberté d'époufer plufieurs femmes à la fois, même dans les lieux où les loix ne le deffendent pas.

Cela étant, il eft donc inconteftable que le comun des fideles pouvoit encore ufer de cette liberté, & que ceux qui jugeoient à propos de le faire ne couroient point rifque d'en être repris. Tant s'en faut que

l'ab-

l'abſtinence de la poligamie ſoit come
on veut nous le perſuader à préſent,
un point ſi eſſentiel de la morale chrétienne, qu'on ne puiſſe le violer ſans ſe
rendre coupable d'adultere. Ce paſſage
de l'apôtre eſt bien éloigné, Monſieur,
de nous en doner cette idée, puiſqu'il
ne nous la fait conſidérer que come un
dégré de perfection, qui n'eſt un devoir qu'à l'égard de ceux qui ne peuvent être trop débaraſſés des ſoins &
des engagemens du monde, trop diſ-
poſés à répondre par des obligations
plus étroites que le reſte des fideles,
à la ſainteté du miniſtere pour le quel
Dieu les a choiſis.

LETTRE V.

ARISTE.

*Examen d'un passage de la premiere épî-
tre aux Corinthiens, où l'on pouroit s'i-
maginer trouver une deffense, du moins
indirecte, de la poligamie. Réflexions
tendantes à infirmer la validité des conséquences que l'on voudroit tirer de ce
passage.*

IL me paroit très bien conftaté,
Monſieur, par tout ce que j'ai eu
l'honeur de vous dire dans ma derniere, que du tems des apôtres la poligamie n'étoit point encore interdite aux
fideles. Mais par quelle autorité a-t-elle pu l'être depuis? N'eſt-ce pas dans
ce fiecle-là que tarirent les fources de
la révélation? J'aurai donc parfaitement établi cette vérité, que la deffense

se de la poligamie parmi nous n'est pas
de droit divin, si je fais voir que l'autre
passage de St. Paul, d'où il semble d'a-
bord que l'on pouroit tirer une conclusion toute diférente, ne sufit pas à beaucoup près pour contrebalancer la force du précédent, puisqu'il s'en faut
beaucoup qu'il soit ni si clair ni si décisif.
Voyons ce dont il s'agit.

Les Corinthiens avoient fait à l'apôtre quelques questions sur le mariage:
non sur les devoirs essentiels du mariage, mais sur quelques dificultés particulieres; entr'autres, ils avoient dési-
ré d'aprendre, le quel étoit le plus expédient, & le plus avantageux à la
perfection chrétienne, de se marier ou
de ne se marier pas. Tout cela paroit
par la réponse de l'apôtre, chapitre
septieme. Il comence d'abord par
louer le célibat; c'est-là come sa these

générale. Enfuite il ajoute (a): *Cependant pour éviter la fornication que chacun
ait fa femme, & que chaque femme ait
fon mari.* J'avoue que ce paffage, &
tout le refte du chapitre qui n'eft prefque qu'un éloge continuel du célibat,
du veuvage & de la virginité, n'eft
pas trop favorable à la poligamie. Il
le feroit encore moins, fi l'interprétation que donent quelques théologiens catholiques à ces paroles qui fe
rencontrent un peu plus bas, *or je dis
ceci par permiffion & non par comandement*, pouvoit avoir lieu. Quoique
ce mot *ceci*, & ceux qui lui répon-
dent en grec & en latin, fe raportent
plus naturellement aux chofes qui
fuivent qu'à celles qui précédent, ces
théologiens l'apliquent en cette ocafion

(a) Cor. 1. ch. 7. v. 2.

sion à ce qui vient d'être dit sur le mariage, ensorte qu'à les en croire, le mariage, selon le sentiment de l'apôtre, & le mariage avec une seule femme, n'est qu'un état toléré.   A combien plus forte raison en ce cas, le mariage avec plusieurs femmes n'auroit-il garde d'être du goût de St. Paul? Ainsi l'on paroitroit sufisament autorisé, à regarder ce précepte, come une deffense dumoins indirecte de la poligamie, & come ce qui fonde l'unanimité des églises chrétiennes sur cet article.

Mais sans compter que la prétention de ces théologiens est tout-à-fait insoutenable, & qu'il est sûr, come je le prouverai, que ces paroles, *je dis ceci par permission*, tombent sur ce que l'apôtre dit du célibat, & non sur le mariage; je puis toujours faire cette remarque. C'eſt que perſone né s'eſt encore aviſé, à ce que je ſache, d'employer ce moyen pour prouver que la poligamie ſoit deffenduë dans le nouveau teſtament.

Les réformés ne le pouroient pas, eux qui entendent tout ce chapitre d'une maniere très diférente des catholiques: & pour ceux-ci, quoique la paſſion de montrer l'excellence prétenduë du célibat les ait fait recourir à une interprétation ſi étrange, l'erreur dans ſa totalité a pourtant échapé, je ne ſai coment, à la ſubtilité de leurs recherches.

Au reſte qu'il ſoit viſible par ce paſſage, que la coutume favorite des patriarches ne ſoit pas fort du goût de l'apôtre, je ne ferai point dificulté de l'avouer. A peine le mariage l'eſt-il;

il; tant il paroit relever ici les avantages de la virginité, du veuvage, &
du célibat en général. Mais c'eſt tout
ce qu'on en peut dire; & cet aveu demeure abſolument ſans conséquence,
s'il eſt une fois prouvé, que St. Paul
loin de nous parler de la ſorte de la
part du St. Eſprit, n'a fait que propoſer un ſentiment particulier, qui é-
toit fort bon dans les conjonctures
d'alors, mais qui eſt outré, faux,
extravagant même, dès qu'on l'étend
au delà. Or que l'apôtre dans tout ce
qu'il dit à l'avantage du célibat en cette rencontre, n'ait rien avancé que
de ſon propre mouvement, & ſans
ombre d'autorité divine, je ne ſais
pas coment on peut conteſter une vérité ſi évidente. Il n'y a que le fana-
tiſme de l'eſprit monachal, qui puiſſe

                    aveu-

aveugler des homes raisonnables au point de ne le pas apercevoir. Je destine la lettre prochaine & la suivante à une explication qui mettra la chose hors de doute, si je ne me trompe. Et ce ne sera pas, Monsieur, m'écarter de mon but. Il est clair que ce passage peu favorable à la poligamie tombera de lui-même, dès que j'aurai fait voir qu'il n'est probablement que de pur conseil, à considérer la nature de tout ce qui l'acompagne ; probabilité qui se tournera ensuite en démonstration, lorsque nous comparerons un passage aussi décisif que celui qui a fait le sujet de ma derniere lettre, avec un autre aussi foible, & aussi susceptible d'ambiguité, que celui-ci.

Car encore que porte-t-il donc ce passage, Monsieur, de si contraire à

la

la poligamie? L'apôtre veut *que chacun
ait sa femme;* mais ce n'est pas à dire
qu'il veuille que chacun n'en ait qu'u-
ne seule, s'il est prouvé d'ailleurs que
l'usage permettoit d'en prendre plusieurs. Il est vrai qu'il ajoute tout de
suite, *que chaque femme ait son mari,* &
que l'on n'en peut pas conclure que cela
laisse aux femmes la liberté d'avoir
plusieurs maris. Oui, mais l'usage
n'est point tel que les femmes en aient
plusieurs: & puis il y a ici une fort
grande disparité. C'est que la pluralité des maris, de l'aveu des naturalistes,
mettant obstacle à la conception de la
femme, tandis que d'un autre coté
elle fait un emploi très inutile des
fonctions de plusieurs homes, elle se
trouve par là directement oposée au
but & à l'essence du mariage, dont

E 5 l'obl'objet n'eſt autre que la multiplication de l'eſpece, aulieu que tout le monde doit convenir que la pluralité des femmes eſt ce qui ſe peut imaginer de plus propre à remplir cet important objet.

Je puis ajouter encore pour infirmer l'autorité de ce paſſage, que par la méme raiſon qu'allegue l'apôtre, qu'il faut chercher dans le mariage un remede contre la fornication, on voit qu'un home, en ſe conformant à l'uſage reçu de ces tems-là, étoit également en droit de prendre deux femmes, come d'en prendre une, ſi elles étoient néceſſaires à la fougue de ſon tempérament.   Combien d'homes forts & pleins de vigueur n'en auroient point trop, ne fut-ce que pour être moins expoſés au péril d'une viduité facheu-

ſe

fe, dans les tems où la loi de Dieu & la décence deffendent d'aprocher des femmes; dans les conjonctures périodiques des mois, dans celles d'une groffeffe trop avancée, dans toute la durée des couches & des relevailles; circonftances qui mifes enfemble emportent un bon quart de l'anée, & par dela? Que devient pendant tout ce tems la chafteté d'un home d'une complexion où la chaleur du fang a trop d'empire? Sa continence court en vérité grand rifque, felon cet avis même que done l'apôtre aux gens mariés. *Ne vous privez point l'un de l'autre, leur dit-il, (v. 5.) fi ce n'eft par un confentement mutuel & pour un tems, lorfque vous avez deffein de vaquer au jeûne & à la priere. Mais après cela retournez enfemble, depeur que Satan n'enprenne ocafion de*

vous

vous tenter, & de vous faire tomber dans l'incontinence. C'eſt cette puiſſante raiſon, Monſieur, qui n'eſt pas la même à l'égard des femmes, parce que le mo-
tif de l'honeur les ſoutient davantage contre les fougues du tempérament, & que d'ailleurs elles ont moins de li-berté que nous, & moins de moyens de ſatisfaire leurs ſécrets penchans: c'eſt cette raiſon, dis-je, qui devroit ſeule mettre en vogue la poligamie. Indépendament de l'utilité dont elle eſt pour la propagation, elle auroit encore celle-ci, d'empêcher bien des gens mariés de ſe précipiter dans la débauche, & de ſe livrer ſouvent à des femmes corompues, d'où ils rapor-tent enſuite un funeſte ſouvenir dans leurs familles, déſordre qui ne ſeroit pas ſi comun parmi nous, ſi cet uſage n'étoit proſcrit.

Je

Je confens que ces réflexions ne foient, fi l'on veut, que de fimples probabilités fans un fondement peut-être bien réel. Vous m'avourez cependant qu'il en réfulte toujours, Monfieur, cette vérité, que le paffage en queftion n'eft rien moins que clair & décifif; rien moins que propre à contrebalancer la force du précédent, auffi-bien que l'autorité de la loi de Moïfe, & celle des patriarches; enfin qu'il n'a rien moins que le caractere requis, felon que je l'ai fpécifié dans ma troifieme, pour abroger un ufage auffi utile, auffi refpectable même, que l'eft la poligamie.

Mais c'eft ce qui n'aura plus la moindre dificulté, quand il fera folidement établi que le contenu de ce paffage & du chapitre entier, n'eft que de pur confeil, excepté ce qui regarde la deffenfe

fenfe du divorce, qui s'y trouve come dans une efpece de parenthefe. Remarquez pourtant, je vous prie, que quoique cette nouvelle abrogation du divorce ne foit-là que par parenthefe en quelque forte, elle n'y eft pas deftituée d'une authenticité très fufifante. *Ce n'eft pas moi qui vous parle*, dit l'apôtre (v. 10.); *c'eft le Seigneur.* Il n'oferoit de fon chef prononcer cette rétractation d'une liberté que la loi divine acordoit auparavant. Il a foin de faire fouvenir que c'eft le Seignéur lui-même qui en eft l'auteur. On voit qu'il craindroit de la prendre fur fon compte, come il y prend les avis, & les confeils qu'il propofe ici, & qui deslors n'ont la force d'obliger perfone. Quoi, faudra-t-il encore un coup dévorer, Monfieur, cette abfurdité,

que

que les livres du nouveau teſtament
ayent mis tant de façon à nous aprendre l'abolition du divorce, & qu'ils en
ayent mis ſi peu pour celle de la poligamie, qui en demandoit bien davantage; ſi peu, que tout concoure à la
faire méconoître? En vérité cela n'eſt
pas croyable. Rapelez-vous ce que
j'ai eu l'honeur de vous dire là-deſſus;
il eſt inutile d'y revenir.

LET-

LETTRE VI.

A RISTE.

Raisons qui démontrent, que tout ce que l'apôtre St. Paul semble dire de peu favorable au mariage, & par contrecoup à la poligamie, dans le chapitre septieme de la premiere aux Corinthiens, n'est que de pur conseil, & ne porte point obligation.

BIen des choses, Monsieur, nous assurent, que le septieme chapitre de la premiere aux Corinthiens ne renferme que de simples avis, & rien de plus, excepté seulement la parenthese sur le divorce.

La premiere, c'est qu'il est visible que l'apôtre n'avoit sur le célibat des sentimens aussi étranges, qu'à cause de l'état facheux où se trouvoit alors l'église. Il le déclare lui-même (v. 26.) *J'esti-*

me

me que cela *eft bon*, dit-il, *à caufe de la nécef-*
fité préfente; paroles qui défignent fans
doute les perfécutions auxquelles les fidéles étoient expofés, & dont le péril
étoit fans comparaifon plus à redouter
à de nouveaux chrétiens, que des femmes & des enfans atachoient par des
liens fi tendres aux chofes de la terre,
qu'à ceux qui vivoient dégagés de tous
ces liens. Je croirois fort auffi, que
l'apôtre a pareillement en vue les di-
vifions fréquentes que la diverfité de
religion fefoit naître dans les familles,
entre le pere & les enfans, entre les
freres & fœurs, entre la femme & le
mari, lorfque les uns avoient embraffé
le chriftianifme, & que les autres de-
meuroient dans l'idolatrie. Il eft fi
naturel de penfer que c'eft un des motifs qui a le plus influé fur la doctrine
de ce chapitre, qu'une bone partie a

Tome I.   F   pour

pour objet la conduite que devroient tenir les gens mariés, qui auroient le malheur d'être dans le cas. C'en é-toit effectivement plus qu'il n'en faloit, Monſieur, pour que le célibat fût de beaucoup préférable, au jugement de ceux qui avoient à cœur le ſalut de leurs ames, dans des conjonctures ſi dangereuſes.

La ſeconde remarque, qui nous con-firme que l'apôtre ne parle ici que de ſa propre autorité, & non en ver-tu de l'inſpiration divine, c'eſt qu'il eſt palpable qu'il ne parle de la ſorte, que dans l'opinion que la fin du mon-de, & la manifeſtation glorieuſe de Jeſus - chriſt étoient fort proches. On ſait que ce fut une erreur inocente, très généralement répandue parmi les premiers fideles. Cette erreur a mê-me duré fort lontems , & il n'a pas

falu

falu moins que dix-huit fiecles pour achever d'en défabufer les chrétiens, lefquels vivent à l'heure qu'il eft dans une affez grande fécurité de ce côté-là. Mais l'atente de cette confomation derniere ne fut jamais plus vive, Monfieur, ni plus préfente à l'efprit des fideles, qu'à la naiffance de l'églife. On en voit plufieurs traces jufques dans le nouveau teftament ; & fi je ne me trompe, j'en trouve une par exemple ici, dans ces paroles par lefquelles l'apôtre conclut un des articles de ce chapitre. (v. 29.) *Je vous dis ceci, mes freres, que le tems eft court ; & ainfi que ceux qui ont une femme, foient come s'ils n'en avoient point, & ceux qui ufent de ce monde, come s'ils n'en ufoient point : car la figure de ce monde paffe.* Je conçois bien, que cela peut s'apliquer en un fens à la vie de chaque home en particulier, pour qui le *tems est court*, & à l'égard duquel *la figure de ce monde passe* en effet très rapidement. Mais je sais aussi, que si l'on prend garde au préjugé des apôtres qui se manifeste d'une façon si claire en tant d'endroits; si l'on pense en même tems combien les maximes de St. Paul sur le mariage & le célibat sont outrées, combien elles seroient pernicieuses aux intérêts des états, & à la société toute entiere; on conviendra qu'il y a toute aparence que ces sentimens ne lui venoient que de l'idée d'une dissolution prochaine de l'univers. Ce sont les sentimens d'un home, qui en conséquence s'embarasse si peu de la propagation du genre humain, & de tout ce qui y a raport, que bien loin de se représenter le mariage, come l'unique voie propre à

rem-

remplir ce grand objet, il n'en parle que come d'un remede contre la tentation d'impureté, come d'un azile, d'un pis-aler, pour ceux qui n'ont pas reçu de Dieu le don d'une bienheureufe continence.

Mais n'eft-ce point faire tort à l'autorité de St. Paul, de fupofer que fes paroles n'ont raport qu'à des conjonctures particulieres, paffées depuis lontems, & qui ne nous regardent plus? Non, Monfieur; puifqu'il eft vrai qu'il ne ceffe de nous en avertir lui-même, & qu'il nous dit expreffément en plufieurs endroits remarquables de ce chapitre, que ce n'eft qu'en fon propre & privé nom qu'il nous parle, & nullément de la part de l'Efprit faint qui a coutume de l'infpirer. C'eft ici la troifieme preuve de la vérité de ce que j'avance.   Voyons donc en combien d'endroits de ce chapitre, & en combien de manieres l'apôtre a foin de prévenir l'erreur où pouroient nous jetter fes paroles. Je comence par ce qui a le moins befoin d'explication.

1°. C'eft qu'au milieu de tous ces difcours, l'apôtre mêlant come par parenthefe la deffenfe du divorce, ajoute auffitôt : (v. 10.) *Ce n'eft pas moi qui le comande, mais le Seigneur.* Donc tout le refte ce n'eft pas le Seigneur qui le comande, mais l'apôtre qui le confeille. Je dis *qui le confeille*, car il ne comande rien de fon chef, & fans l'infpiration du St. Efprit.

2°. Ce font ces paroles : (v. 25.) *Pour ce qui concerne les vierges, je n'ai point de comandement du Seigneur ; mais j'en done avis &c. j'eftime donc que cela eft bon, à caufe de la néceffité préfente.*

3°. Ce

3°. Ce font encore ces paroles (v. 40.) par quoi l'apôtre finit le chapitre, lorfqu'après avoir dit, que la veuve fera mieux de ne fe point remarier, & qu'elle fera plus heureufe de demeurer dans fon état, il ajoute, *felon mon avis.*

Mais fur chacun de ces deux derniers paffages on forme une miférable chicane, à deffein d'en augmenter l'autorité, & de leur doner, contre toute raifon, le poids que des paffages de l'écriture ont acoutumé d'avoir. On remarque à l'égard du premier, qu'à la fuite de ces paroles, *je n'ai point de comandement du Seigneur, mais j'en done avis,* il y a immédiatement après, *come ayant reçu miféricorde du Seigneur pour être fidele,* & que dans le fecond après celles-ci, *fi la veuve demeure telle, elle fera plus heureufe felon*

mon

mon avis, l'apôtre ajoute ; *or j'eſtime que j'ai auſſi l'eſprit de Dieu.* En conſéquence de ces remarques, on prétend que loin que l'apôtre ne ſe croye point inſpiré dans ces endroits, il nous avertit d'une maniere formelle qu'il l'eſt, ſans doute à cauſe de l'importance de la matiere, & de ce que ſes avis ſembleroient avoir d'étrange. Mais ne voit-on pas combien ces échapatoires ſont puériles? C'eſt ſupoſer que l'apôtre retire d'une main ce qu'il done de l'autre, ou plutôt c'eſt lui prêter un indigne galimatias. Cette diſtinction des choſes qu'il dit de lui-même, ou par l'eſprit de Dieu, eſt très claire, quand elle s'aplique à diférens objets ; mais deslors qu'elle ne s'aplique qu'à un ſeul, on n'y entend plus rien du tout. Et puis qu'eſt-ce que cela ſignifie, *qu'il eſtime*, que c'eſt

de

de la part de Dieu qu'il parle? Il n'en est donc pas trop sûr? Il en doute donc un peu? Il nous sera par conséquent très permis d'en douter aussi; sur tout, quand nous verrons que cet oracle prétendu, qui seroit fort sage, restraint à de certaines circonstances déterminées, n'iroit pas moins qu'à dépeupler la terre, en le prenant à la rigueur.

Ces théologiens-là respectent en vérité bien peu l'apôtre St. Paul, de mettre sur son compte un pareil verbiage, pour apuyer leurs sentimens. Il paroit bien aussi qu'ils n'entendent en aucune façon ces deux passages, lesquels sont pourtant des plus simples l'un & l'autre. Il n'est question, ni dans l'un ni dans l'autre, d'inspiration come ils se l'imaginent. Dans le premier l'apôtre veut dire seule-

ment

ment quelque chofe d'à-peu-près équi-
valent à ceci: *J'en done avis avec fidélité conformément à la miféricorde, ou par
la miféricorde du Seigneur.* Come il a-
joute un peu plus bas: *Je dis ceci ayant
égard à ce qui vous eft utile, non pour
vous tendre un piege, mais pour vous porter à ce qui èft propre & à ce qui convient &c.* (v. 35.) Eh quoi n'eft-ce
donc pas-là encore une nouvelle preuve, Monfieur, que c'eft l'apôtre qui
parle en fon propre nom, & qu'il en
eft bien perfuadé? *Je vous dis ceci non
pour vous tendre un piege.* En confience uferoit-il de pareils tours, fi c'étoit
au nom de l'efprit de Dieu qu'il nous
parlât?

Pour l'autre paffage, le vrai fens de
l'apôtre n'eft pas plus dificile à démêler, quoiqu'exprimé, felon fa maniere, avec beaucoup de vivacité &
de

de concifion. Il a été queftion pendant prefque tout le chapitre du don de continence. St. Paul exhorte ceux qui en ont reçu la grace d'en haut, de mettre en œuvre un don fi utile dans les conjonctures d'alors.   Il trouve plus heureufes en conféquence les filles qui demeurent vierges, & les veuves qui ne fe remarient point; mais ce n'eft que parcequ'il fupofe qu'elles ont reçu ce don de continence.   Il ajoute auffitôt : *Or j'eftime que j'ai auffi l'efprit de Dieu.*   C'eft donc à dire : *j'eftime que j'ai auffi ce don*; & voilà pourquoi je préfere de refter dans le célibat, en ne donant point aux autres de confeils que je ne fuive moi-même tout le premier.

Enfin, Monfieur, la quatrieme & derniere preuve, que l'apôtre dans tout ce chapitre ne done que de fimples

aver-

avertiſſemens en ſon propre & privé nom, je la tire de ces paroles du ſixie-me verſet: *Or je dis ceci par permiſſion, & non par comandement.* Le tout eſt de ſavoir ſurquoi tombent ces paroles. Je crois avoir fait là-deſſus quelques réflexions aſſez neuves, qui ſeront, s'il vous plaît, le ſujet de la lettre ſui-vante.

AVER-

AVERTISSEMENT.

Quelque ſolides, & quelque neuves même à certains égards, que je croye ces réflexions, je conſeille à peu de lecteurs de s'y engager. Elles ſont fort abſtraites, très ſeches, & ne peuvent être bien ſaiſies qu'avec beaucoup d'atention. Les perſones ſurtout que les deux dernieres lettres auront ennuiées, feront très bien de paſſer celle-ci. Elle eſt encore pis, ſans être d'ailleurs fort néceſſaire, au point que j'ai ſouvent été tenté moi-même de la retrancher. Si quelqu'un après cet avis ne ſe trouve pas bien de l'entrepriſe, du moins ce ne ſera pas tout-à-fait ma faute, à l'heure qu'il eſt.

LET-

LETTRE VII.

ARISTE.

Suite du même sujet, ou réflexions plus particulieres sur l'interprétation de quelques paroles du même chapitre, par où l'on acheve de déterminer le dégré d'autorité qu'il doit avoir (a).

POur savoir, Monsieur, quelle est la véritable aplication que nous devons faire de ces paroles, *Or je dis ceci par permission &c*; si c'est à ce que l'apôtre dit du mariage qu'il faut les raporter, ou si c'est à ce qu'il dit du célibat, il ne s'agiroit que de faire atention à la force ordinaire du mot *ceci*. Mais come il n'est pas toujours

dé-

(a) Il ne seroit pas mal d'avoir sous les yeux le chapitre de St. Paul, & de le lire d'abord. C'est le 7. de la 1. aux Corinthiens.

décidé qu'il doive se lier à ce qui va
suivre dans le discours, il n'en a pas
falu davantage pour être une ocasion
de méprise, à ceux qui cherchent
moins à penser come l'écriture, qu'à
lui préter leurs préjugés & leurs erreurs. Ainsi j'ai déja observé que
quelques théologiens catholiques raportent ce mot aux quatre versets pré-
cédens où il est question du mariage,
& qu'ils prétendent prouver par là,
que le mariage n'est qu'un état toléré
par condescendance pour la foiblesse
humaine ; condescendance, dont le
but n'est autre, selon eux, que de présenter à la fougue du tempérament un
objet licite, qui l'empêche de dégéné-
rer en une impudicité damnable.

L'extravagance d'une pareille opinion sufit pour la réfuter ; & come elle seroit cependant apuyée sur ces pa-
ro-

roles de l'apôtre, fi le mot *ceci* fe joignoit à ce qui précede; ce feroit une démonftration qu'il ne faudroit pas l'y joindre, quand-même il feroit plus naturel de le prendre de cette forte, au lieu qu'en foi, & indépendament des circonftances, il l'eft toujours plus de le raporter aux chofes qui fuivent. Voyons pourtant fi la liaifon du difcours ne leveroit pas cette équivoque imaginaire.

La feule chofe que l'on alegue pour perfuader que ces paroles, *or je dis ceci par permiffion & non par comandement*, doivent fe raporter à ce qui a précédé fur le mariage, c'eft ce qui fuit immédiatement, *car je voudrois que tous les homes fuffent come moi*, c'eft-à-dire dans le célibat. Si l'apôtre, dit-on, défire que tous les homes reftent come lui dans le célibat, n'eft-

il

il pas bien clair que ce n'eſt que par condeſcendance pour leur foibleſſe qu'il leur permet d'entrer dans l'état du mariage? Non, cela n'eſt point clair; & pourquoi? C'eſt premiére-ment à cauſe de l'énorme abſurdité de la conſéquence. Mais d'ailleurs la penſée de l'apôtre eſt-elle donc ſi difi-cile à découvrir? Ce n'eſt que dans la particule cauſative, *Car*, que conſiſte la petite dificulté que l'on afecte de relever ici. Pour moi, voici le ſens très naturel que tout ce paſſage me paroît avoir, & je démontrerai, Mon-ſieur, qu'il ne peut abſolument en a-voir d'autre.

L'apôtre, qui pour les raiſons que nous avons vues, a comencé ce cha-pitre par louer le célibat, & qui en-ſuite s'eſt montré ſi éloigné de faire une obligation de cet état de continence, qu'il recomande même aux gens mariés de ne se pas priver trop lontems l'un de l'autre, l'apôtre, dis-je, reprenant après cela dans un plus grand détail ses réponses aux questions des Corinthiens, & revenant en particulier à leur recomander encore le célibat, *à cause de la nécessité présente*, les avertit ici proprement, avant d'aler plus loin, que tout ce qu'ils vont lire, & qui ne manquera pas de leur paroître fort étrange, n'est point un comandement qu'il leur signifie de la part de Dieu, mais de simples conseils qu'il croit pouvoir hasarder de son chef, come ce qu'il y a de plus convenable dans les conjonctures du tems. Ainsi je paraphraserois de la sorte tout cet endroit.

„ Or pour ce qui regarde les ques-
„ tions que vous m'avez faites sur la
„ pré-

„ préférence du célibat ou du maria-
„ ge, je n'ai point de comandement
„ là-deſſus de la part du Seigneur ;
„ mais voici ce que je prens la liber-
„ té de vous conſeiller, ſelon mes idées
„ particulieres. *Car*, je ne le diſſimu-
„ le point, je voudrois que tous les
„ homes fuſſent come moi. C'eſt-à-
„ dire : je vous done ces conſeils, &
„ cela de mon chef, *par un effet* du
„ déſir que j'aurois que tous les ho-
„ mes fuſſent come moi , bien enten-
„ du, s'il étoit poſſible ; mais chacun
„ a reçu de Dieu ſon propre don,
„ l'un d'une maniere & l'autre d'une
„ autre. Je dis donc à ceux qui ne ſont
„ pas mariés, & aux veufs &c. ”

Qui pouroit conteſter que ces mots,
par un effet de, ne puiſſent rendre le
ſens qu'exprime la particule cauſative
car? Ou qui oſeroit nier, Monſieur, que

ces deux phrases ne foient au pied
de la lettre les mêmes ? *Je dis cela ; car
je voudrois que tous les homes fuffent come moi :* ou bien, *je dis cela par un
effet du défir que j'ai que tous les homes foient come moi.* Bien loin donc
que ce paffage puiffe apuyer l'extravagante opinion, de ceux qui croient
que le mariage n'eft qu'un état toléré,
l'on voit aucontraire que ce mot de
permiffion ne tombe que fur l'apôtre-
même, qui reconoît qu'en louant, d'u-
ne maniere fi outrée, un état auffi
opofé aux intentions de Dieu, & aux
intérêts du genre humain, que l'eft le
célibat, c'eft une liberté qu'il fe done,
& une très grande liberté, qu'il croit
ne pouvoir prendre, qu'eu égard aux
malheureufes conjonctures où l'églife étoit alors. Et c'eft ce qui paroît bien par toute la fuite, conformément aux réflexions que j'ai déjà
faites.

faites. Pouſſons-les plus avant, je vous en prie.

Cette explication, Monſieur, prend encore un nouveau jour, ſi l'on obſerve que c'eſt cinq ou ſix lignes plus bas, immédiatement après le conſeil qu'il done à ceux qui ſont dans le célibat, d'y reſter, s'il le peuvent, que c'eſt, dis-je, alors que l'apôtre ajoute ces paroles; (v. 10.) *Et quant à ceux qui ſont mariés, je leur comande, non pas moi, mais le Seigneur, de ne ſe point ſéparer l'un de l'autre par le divorce.* N'eſt-ce pas-là une entiere confirmation que tout ce qui ſe lit depuis ces paroles, *or je dis ceci par permiſſion &c,* c'eſt effectivement lui qui le dit, & non pas le Seigneur, & que parconſéquent il eſt de la plus grande abſurdité de raporter le mot *ceci* à ce qui précede.

G 3

En

En voulez-vous une autre confirmation d'une égale force? Je la trouve
dans ces paroles qui font au comencement du douzieme verfet, *mais aux
autres je leur dis, & non pas le Seigneur.*
Ceci mérite encore plus que tout le
refte, Monfieur, que l'on y faffe atention. Je fais bien que l'explication
que j'en vais doner, s'écarte beaucoup
du fens univerfellement adopté par les
interprétes réformés ou catholiques.
Mais envérité il me femble qu'on fait
ici une faute fi lourde que je ne pourois me difpenfer de la relever dans
l'ocafion qui s'en préfente, quand-même ces réflexions ne contriburoient
pas autant qu'elles font, à éclaircir
cette matiere, d'une maniere très favorable à mon fujet.

Tout le monde, à ce que je fache,
du moins tous les interprétes que j'aye
vus,

vus, raportent ces paroles, *mais aux autres je leur dis, & non pas le Seigneur*, à ce qui suit dans le même verset, & dans les cinq ou six versets suivans, où il n'est plus question du célibat, mais de la conduite que l'on doit tenir, quand le mari & la femme font de diférentes religions. Dans toutes les bibles, de quelque traduction & en quelque langue que ce soit, entre ces paroles, *mais aux autres je leur dis, & non pas le Seigneur*, & les suivantes du même verset, *si un frere a une femme infidelle*, je n'ai jamais trouvé qu'une virgule, ou tout au plus deux points. Je ne croirai pourtant point m'avancer trop, Monsieur, si je soutiens que cette maniere de lire, & le sens qui en résulte, font tout-à-fait insoutenables.

C'est bien ici le cas de la judicieuse

remar-

remarque que j'ai lue quelque part, je crois, dans M. Locke ; c'eſt que pour découvrir le vrai ſens de l'écriture, il faut preſque toujours faire abſtraction, & de la ponctuation, & de la diviſion des verſets, & ſouvent même de la diſtribution des chapitres. Tout cela n'eſt que d'invention moderne, & les auteurs ſacrés ne l'ont point conu. Auſſi le tout ne ſert-il gueres qu'à leur faire dire ce qu'ils n'ont aucunement penſé, ainſi qu'il paroît bien dans cet exemple, en ce qui regarde la diviſion des verſets & la ponctuation. A voir ce douzieme verſet comencer de la ſorte, *Mais aux autres je leur dis, & non pas le Seigneur, ſi quelque frere a une femme infidelle &c* ; qui ne croiroit que ces premieres paroles, *mais aux autres*, ſe raportent aux ſuivantes, *ſi quelque frere &c* ? Cepenpendant vous alez convenir que rien au monde n'eft plus faux.

Pour cela, Monfieur, afin que cette ponctuation & cette divifion de verfets, que l'apôtre n'a point conues, ne puiffent plus nous en impofer, rétabliffons tout ceci dans fon ancien état, feulement depuis le cinq ou fixieme verfet jufqu'au douzieme, en retranchant ce qu'il y a d'inutile à la queftion. Ayez la bonté, s'il vous plaît, d'avoir fous les yeux l'endroit de l'apôtre; & daignez prêter quelque atention à une matiere, qui, je l'avoue, n'eft pas trop amufante, mais qui ne laiffe pas de mériter qu'on s'en ocupe, puifqu'il s'agit de rétablir en cet endroit le véritable texte de l'écriture, qui n'eft pas moins altéré par la fimple ponctuation qu'on y a mife, & par cette divifion de verfets, qu'il l'au-

G 5

roit

roit pu être par d'autres changemens beaucoup plus confidérables. Voici donc à quoi tout fe réduit.

„ Or je dis ceci par permiffion &
„ non par comandement car je vou-
„ drois que tous les homes fuffent co-
„ me moi mais chacun a reçu de Dieu
„ fon propre don ainfi je dis à ceux
„ qui ne font point mariés qu'il leur eft
„ bon de demeurer dans cet état &
„ quant à ceux qui font mariés je leur
„ comande non pas moi mais le Sei-
„ gneur de ne point faire divorce entr'-
„ eux mais aux autres je leur dis (ou
„ plûtôt, *je leur parle*, ou *c'eft moi qui*
„ *leur parle*,) & non pas le Seigneur
„ fi quelque frere a une femme infi-
„ delle &c. "

Je vous demande, Monfieur, quels font ces *autres*, auxquels c'eft l'apôtre qui parle, & non pas le Seigneur. On

veut

veut que ces paroles se raportent aux suivantes, *si quelque frere a une femme &c*; mais je soutiens que cela n'est pas raisonable, & qu'aucontraire à ces paroles, *si quelque frere a une femme*, on doit dire que c'est une nouvelle matiere qui comence, absolument indépendante de celle qui vient de finir. Vous vous en convaincrez par la relation sensible de ces paroles, *mais aux autres*. Il est évident qu'elles ont raport à quelque chose. A quoi? Prenez y garde, c'est à ce qui précede, *& quant à ceux qui sont mariés, je leur tomande, non pas moi, mais le Seigneur.* L'oposition saute aux yeux entre celles-ci & les suivantes, *mais aux autres, je leur dis, & non pas le Seigneur.* Encore un coup quels sont ces *autres*? Les premiers sont *les gens mariés*; donc les *autres* doivent être *ceux qui ne sont pas mariés,*

mariés. C'eſt-à-dire que ces paroles, *mais aux autres,* ont raport à ce qui a précédé & non à ce qui ſuit; car ce qui ſuit regarde les gens mariés. Vous le voyez bien: *ſi un frere a une femme,* cet article eſt encore manifeſtement pour des gens mariés. Il eſt donc plus clair que le jour, que ces paroles, *mais aux autres,* étant en opoſition avec celles-ci, *ceux qui ſont mariés,* ne peuvent ſe raporter qu'à ce qui précéde, & c'eſt-là come la concluſion de toute cette partie du diſcours de l'apôtre, que l'on peut paraphraſer en cette maniere, depuis le ſixieme verſet juſqu'au comencement du douzieme, au milieu duquel l'apôtre entame la réponſe à quelqu'autre queſtion des Corinthiens.

„ Or pour ce qui regarde les queſ„ tions que vous m'avez faites ſur la
„ pré-

„ préférence du célibat ou du maria-
„ ge, je n'ai point de comandement
„ là-deſſus de la part du Seigneur;
„ mais voici ce que je me permets,
„ ou ce que je prens la liberté de vous
„ conſeiller de mon chef, par un ef-
„ fet du déſir que j'aurois que tous
„ les homès fuſſent come moi, s'il é-
„ toit poſſible, & ſi chacun avoit re-
„ çu de Dieu les mêmes faveurs & les
„ mêmes graces. Je dis donc à ceux
„ qui ne ſont point mariés & aux veufs,
„ qu'il leur eſt bon de demeurer dans
„ cet état. Quant à ceux qui ſont
„ mariés, je leur dis en paſſant qu'u-
„ ne de leurs principales obligations,
„ c'eſt de ne ſe point ſéparer l'un de
„ l'autre; & c'eſt le Seigneur lui-mê-
„ me qui la leur impoſe, cette obli-
„ gation, & non pas moi. Mais pour
„ les autres, je le leur répete, c'eſt
„ moi

„ moi seul qui leur ai parlé, & non pas
„ le Seigneur, en leur recomandant
„ de rester dans le célibat.

„ Je viens à une autre question.
„ Si quelque frere a une femme infi-
„ delle &c. ”.

Réfléchissez bien, Monsieur, sur
cet endroit, & vous verrez qu'il n'est
pas susceptible d'un autre sens que celui que je lui done. Il seroit tems de
tirer à l'heure qu'il est mes conclusions;
mais pour ne point trop charger une
lettre, qui doit être déjà fort en-
nuyeuse, j'en remettrai l'affaire à l'ordinaire prochain. C'est le dernier terme que je pose à mon impatience, qui
est aussi grande qu'il se puisse, de savoir quels sont vos sentimens sur cette matiere.

LET-

LETTRE VIII.

ARISTE.

Conclusion & récapitulation des sept lettres précédentes, par les quelles Ariste a prétendu prouver, que l'usage de la poligamie, très utile à la société, selon lui, & autorisé sous l'ancien testament, n'a point été abrogé par la loi de Jesuschrist.

QUelles conséquences tirerons-nous, Monsieur, de tout ce que j'ai eu l'honeur de vous dire, tant dans ma derniere lettre que dans les précédentes?

Je crois dans la derniere avoir mis hors de doute cette vérité, que bien loin que les paroles de l'apôtre nous présentent cette idée, que le mariage, & le mariage avec une seule femme, ne soit qu'un état toléré, acordé par pure condescendance à la foiblesse des

homes

homes, c'eſt aucontraire ſur ce qu'il avance en faveur du célibat que tombent ces idées de tolérance & de permiſſion, puiſque l'apôtre en conſeillant cet état, à cauſe des conjonctures particulieres où il étoit, & de celles où il croyoit être, demande tant d'excuſes, & prend de ſi grandes précautions, juſqu'à nous avertir à diverſes repriſes, que ce n'eſt point au nom du Seigneur, ni par ſon ordre, qu'il donè de pareils conſeils.

C'eſt encore ce que confirme tout ce que j'ai dit dans ma lettre d'auparavant, qui eſt la ſixieme ſur cette matiere de la poligamie. De ces deux lettres il réſulte manifeſtement, que dans tout le ſeptieme chapitre de la premiere aux Corinthiens, ſi l'on en excepte ce qui eſt remarqué en termes exprès ſur le divorce, le reſte n'eſt

que

que de pur conseil, & ne renferme aucun précepte obligatoire; que tout consiste dans des sentimens particuliers de l'apôtre, sentimens nés du préjugé où il étoit de la venue prochaine de Jesus-christ, & de plus acomodés aux conjonctures critiques & embarassantes où l'église se trouvoit alors: en sorte que c'est avec bien de la raison que dans plusieurs bibles, & entr'autres dans celle de la traduction de M. Martin, on a mis pour titre à ce chapitre, *Avis sur le mariage, la virginité & la viduité.* Ce ne sont donc ici que des avis, & des avis qui n'étoient bons que pour ce tems-là; avis qui come tels n'obligeoient persone alors, & qui par conséquent obligent encore moins à l'heure qu'il est.

Il n'y a que la pernicieuse erreur du monachisme, qui puisse chercher dans ce chapitre une doctrine peu favorable à la propagation des homes, ou propre même à dépeupler l'univers. Et c'est en vain que l'on fait foner bien haut ce que l'apôtre dit qu'il voudroit voir tous les homes, come lui, dans le célibat : puifque 1°. l'abfurdité de cette penfée prife à la rigueur fufit pour la faire rejetter ; 2°. que ce n'eft qu'aux chrétiens de fon tems qu'il parle, & à ceux qui pouroient fe rencontrer dans les mêmes conjonctures ; 3°. qu'il ne leur parle de la forte, que pour leur confeiller le célibat, & non pour leur en impofer l'obligation ; 4°. enfin qu'il fait bien que cet avis ne tirera pas à conféquence, parce qu'outre qu'il avertit que ce n'eft qu'un confeil, & un confeil tout humain, il n'ignore pas que ce confeil eft de nature à n'être fuivi que par un très petit nombre

de

de gens parfaits: seulement pouroit-on
dire qu'il ne prévoyoit pas que des gens
rien moins que parfaits, en abuseroient
un jour pour couvrir leur fénéantise
& leurs débauches.

J'ai été bien aise, Monsieur, dans
ces deux lettres, la sixieme & la septieme, de vous exposer dans un grand
détail toutes ces raisons, qui ruinent
les prétendus motifs de préférence
qu'on a voulu trouver dans la doctrine de
St. Paul en faveur du célibat, cet état que
proscrivoient si sagement les loix romaines, & que le peuple de Dieu ne regardoit qu'avec une espece d'horreur.
Et je ne pense point par tout ce détail
m'être trop écarté de mon sujet, mon
principal objet dans l'ouvrage que je
pourai composer sur cette matiere, (si
ces premiers essais ont le bonheur d'avoir
votre aprobation,) étant, ainsi que je

 vous

vous l'ai dit, de juſtifier notre ſainte religion des reproches que lui font les incrédules, d'être très contraire à la propagation. Ce ſeroit bien autre choſe vraiment que d'avoir aboli la poligamie, s'il étoit de plus prouvé qu'elle ne fût pas trop favorable au mariage même, & qu'indépendament de certaines circonſtances, telles que peuvent être les dignités écléſiaſtiques, ou les tems de perſécution, elle atachât des idées d'une perfection ſublime, à un état auſſi pernicieux à la ſociété que le célibat, & auſſi condanable, quand de bones raiſons n'obligent point à y reſter.

Ainſi donc, Monſieur, d'avoir leyé cette dificulté, c'eſt déjà beaucoup pour mon but général ; mais c'eſt encore davantage pour mon objet particulier, qui conſiſte à établir, qu'il n'eſt point

de

de l'essence du christianisme de rejetter la poligamie : & je me flate d'y a-
voir pleinement réussi, en fesant voir
que l'unique passage qui paroitroit y
être un peu défavorable, n'est d'aucune autorité, vû les circonstances qui
l'acompagnent. Je vous demande,
Monsieur, si ce passage placé dans un
pareil chapitre où tout n'est que de
pur conseil, passage joint à des choses
d'aussi peu d'usage pour le présent, paroles enfin échapées en quelque sorte
à un home divin à la vérité, mais qui
ne parle ici que come home, & qui
n'est ocupé de rien moins que de ce
qui peut contribuer à la propagation
du genre humain.... Je vous demande
encore un coup, si un tel passage suf-
fit pour faire loi, & pour contrebalancer toute l'autorité de l'ancien testament; surtout si nous pensons qu'il ne

H 3

dit

dit rien au fond de fort positif, ainsi que je l'ai prouvé dans ma cinquieme, & que d'un autre coté il y a un autre passage du même St. Paul, répété jusqu'à trois fois, d'où l'on peut conclure, d'une façon démonstrative, que l'apôtre & toute l'église de son tems ne condanoient absolument point l'usage de la poligamie. C'est ce que ma quatrieme lettre a constaté, si je ne me trompe.

Tout cela étant bien établi, je vous prie de vous rapeler ce que j'ai dit dans la troisieme, de la maniere dont il semble qu'un usage aussi utile & aussi autorisé que celui-là, auroit dû être abrogé, si tant est qu'il l'eût été. Cela me paroît si important que je ne puis trop vous suplier d'y faire une profonde atention. Je ne crois donc point, Monsieur, être téméraire, si

j'enj'entreprens de foutenir, come j'ai fait dans mes deux premieres lettres, que le nouveau teftament n'a jamais condané la poligamie, & que la défenfe de cet ufage n'eft nulement un point effentiel de la morale chrétienne: cè qui fait tomber en un moment tous les reproches des incrédules, & laiffe aux miffionaires la liberté de tenir telle conduite qu'ils voudront avec les infideles, & aux princes celle de faire tels réglemens qu'ils jugeront à propos pour le bien de leurs états.

J'atens à mon tour, Monfieur, vos penfées fur ce fujet. Mandez-moi, je vous prie, quel jugement vous portez de mes raifons, & fi vous eftimez que cette ouverture puiffe être de quelque utilité. C'eft come à un ami que je m'adreffe, & en même tems come à une perfone dont les lumieres me font conues. Vous voyez quel eft

H 4

mon

mon deſſein ; c'eſt de haſarder mes idées, & de leur faire courir le grand & terrible riſque de la cenſure du public. Ainſi il ne s'agit point de me flater dans une entrepriſe d'une telle importance pour moi, & ce qui eſt bien plus conſidérable encore, pour la religion. Je ſerois infiniment mortifié qu'avec les meilleures intentions du monde, on pût me reprocher de lui avoir nui par ma témérité. Je vous conjure donc de nouveau, par toute l'amitié qui nous lie, de m'en dire avec liberté votre ſentiment. Je ſens que le coup que je prépare eſt bien hardi. Or je me dis à moi-même qu'on ne ſauroit être trop réſervé en pareil cas ; & c'eſt, Monſieur, ce qui cauſe mon incertitude, malgré toute la conviction dont mon ame eſt pénétrée.

AVER-

AVERTISSEMENT.

ON doit fupofer qu'Arifte, défabufé par
fon ami, a pris généreufement le parti de comuniquer au public fes propres
lettres avec leur réfutation, ainfi qu'il le
déclare à Eudoxe dans la trente-quatrie-
me, pour l'animer à de plus grands efforts en faveur de l'ancienne loi, que lui
Arifte croit alors avoir extrémement befoin d'apologie. Ce n'eft pourtant point
ce dernier, non plus que l'autre, qu'il
faut regarder come étant lui-même l'édi-
teur, à caufe de cette conclufion dont il
a été parlé dans la préface, & qui n'eft
ni d'Eudoxe ni de lui. Il faut croire que
s'en étant remis à un tiers, pour mettre
au jour le recueil des quarante-huit lettres, ce tiers a ajouté la conclufion, felon ce qui fera remarqué dans le tems.
De tout cela, il réfulteroit prefque qu'il
n'en eût été que mieux, fi tout l'ouvrage eût pu paroître à la fois, & non par
parties détachées. Mais on a penfé que
H 5

cet-

cette raiſon devoit céder à de plus ſé-
rieuſes.

Une obſervation plus conſidérable, que
l'on ne peut ſe diſpenſer de faire faire
au lecteur, c'eſt celle-ci.

On a pû voir que le bon Ariſte, ſouve-
rainement perſuadé de l'utilité de la poligamie, & de la faveur qu'elle trouvoit
dans l'ancienne loi, n'imagine ſeulement
pas que ces deux points puiſſent être con-
teſtés par quelqu'un tant-ſoit-peu raiſonable. En conſéquence il n'a eu garde de
s'embaraſſer le moins du monde à les prouver, & il eût été contre le naturel qu'il
l'entreprît. Cependant parmi les perſones à qui l'on a comuniqué ces premieres lettres, il y en a eu qui s'en ſont for-
maliſées, & qui ont reproché à l'auteur
(ce ſont leurs propres termes,) *de doner
par là trop beau jeu à ſon Eudoxe.* Ces perſones n'avoient pas aſſez pris garde que l'u-
nique objet d'Ariſte eſt d'établir, du mieux
qu'il peut, que le nouveau teſtament ne
condane nule part la poligamie. Or l'on
ne ſauroit nier qu'il n'ait dit là-deſſus tout

ce

ce qui fe pouvoit dire de plus fpécieux, & plus que n'ont dit ceux des
théologiens qui ont été de fon fentiment.
Quant aux deux autres articles, il eft de
fait auffi qu'il a touché en paffant les plus
fpécieufes raifons qui ayent été aléguées
fur ce fujet: mais ce n'étoit point le lieu de
les aprofondir. Arifte, fon Incrédule,
Eudoxe lui-même, & l'auteur dans fa
conclufion, le feront de maniere par la
fuite, qu'affurément perfone ne poura fe
plaindre qu'on ait voulu *fe doner beau jeu.*
En atendant il n'y a qu'à jetter les yeux
fur la table qui eft à la tête de cette premiere partie; on verra dans quel détail
l'auteur a pouffé la difcuffion de fa matiere. Ce qu'il craint le plus, c'eft qu'on ne
lui reproche de l'avoir quelquefois porté,
ce détail, un peu trop loin, par un excès
d'exactitude.

LETTRE IX.

EUDOXE.

Réponse générale aux huit lettres d'Arif-
-te, dans la quelle Eudoxe établit les
différens chefs fur les quels il convient
avec fon ami, & ceux dont il eft fort
éloigné de tomber d'acord. Ceux-ci con-
fiftent en ces trois points effentiels qu'il
s'engage de démontrer : 1°. que Jefus-
chrift a condané la poligamie ; 2°. que
cet ufage eft en effet très condana-
ble, come infiniment préjudiciable à
la fociété ; 3°. que l'ancienne loi, bien
loin de le tolérer, le condanoit auffi,
d'une maniere très pofitive.

VOus me demandez, Monfieur, ce
que je penfe fur la queftion de
la poligamie, fur les dificultés qui en
réfultent à l'égard de la religion, &
fur le fingulier moyen que vous avez
imaginé pour les réfoudre. Vous m'en
demandez mon avis ; & vous me priez
de

de vous le dire librement, & sans vous flater.

Quoi, Monsieur! malgré le charme étrange qui vous abuse, une voix sécrette, qui ne peut être que celle de la justesse ordinaire de votre esprit, vous avertiroit-elle au fond de l'ame, que vous êtes dans l'erreur, & que vous avez besoin qu'on vous détrompe? En ce cas ayant à consulter quelqu'un, vous pouviez vous adresser mieux qu'à moi, pour les lumieres: mais votre choix ne pouvoit tomber sur un ami plus zélé pour vous, ni plus disposé à vous dire ce qu'il pense, avec cette liberté dont vous avez effectivement besoin. Ma franchise vous est conue; & come je sais bien que vous ne me parleriez pas come vous faites, si vous n'aviez dessein d'être obéi, je vais répondre à votre confianfiance. Je le ferai même d'autant plus librement, que sans que vous m'en eussiez prié, je vous déclare que j'aurois fait mon devoir en cette ocasion, & que mon amitié ne vous auroit pas laissé, sans de justes réprésentations de ma part, vous engager dans une démarche aussi téméraire que la vôtre.

Excusez, Mon cher ami, cette expression peut-être un peu trop vive qui m'échape. Mais c'est que je vous avourai que je suis vraiment piqué contre vous, & que j'ai peine depuis votre premiere lettre à retenir un sécret dépit, en voyant un home que j'estime autant que vous, dans des erreurs si capitales, s'y plonger de plus en plus, & faire de la meilleure foi du monde tant d'efforts d'art & de génie, pour y en ajouter une plus grande & plus dangereuse encore.

Je

Je dis d'art & de génie (*a*) ; car je ferois injuſte ſi je ne reconoiſſois que vous avez mis votre theſe, toute inſoutenable qu'elle eſt, dans le jour le plus favorable qu'il ſoit poſſible. Il y a même en général bien du vrai dans toutes les raiſons dont vous avez tâché de l'apuyer. Par exemple, je conviens que vous ne vous y prenez pas mal,

pour

(*a*) Le lecteur ſans doute ſera bien aſſez équitable, pour ne pas croire que ce ſont ici des complimens que l'auteur ſe fait à lui-même. La vraiſemblance exige ces petites cérémonies. Rien ſans cela ne ſeroit plus froid & plus inſipide ; aulieu que cette imitation du naturel répand une eſpece d'action ſur une matiere toute didactique. On doit donc ne prendre ces expreſſions qu'au rabais, ou dumoins ſupoſer que c'eſt ainſi que l'auteur les a priſes, quand même un heureux hazard leur doneroit en quelques endroits un fondement réel. Ce qui ſoit dit, une bone fois, pour toutes les ocaſions ſemblables.

pour infirmer les conféquences qu'on pouroit tirer contre votre opinion du chapitre feptieme de la premiere aux Corinthiens. Vous faites voir, & d'une maniere affez neuve, que l'on n'en peut rien conclure en faveur du célibat, & du pernicieux monachifme de l'églife romaine. Je vous déclare même bien plus; c'eft que je ne fuis pas fort éloigné de croire avec vous, qu'on ne peut pas faire grand ufage du fecond verfet de ce chapitre, pour prouver que la poligamie foit défendue dans le nouveau teftament.

Ce que vous dites fur le paffage de l'épitre à Timothée me paroit encore fort jufte, quoique je fois perfuadé que vous n'avez pas pris come il faut le fens de ces paroles, *mari d'une feule femme*, ainfi que je vous le prouverai en tems & lieu, lorfque

j'auj'aurai établi les chofes néceffaires pour cela.

Pour ce qui regarde votre troifieme lettre, & le paralele que vous y faites du divorce & de la poligamie, c'eft ce que vous pouviez imaginer de plus heureux, pour perfuader que ce dernier ufage n'a point été abrogé par la nouvelle loi. Tout ce que vous dites de la maniere dont il auroit dû l'être, en cas qu'il l'eût été, me paroît de la plus grande jufteffe; & cependant je vous done ma parole, que ce fera une des chofes dont je me fervirai le plus avantageufement contre vous-même, pour détruire l'un des préjugés où vous êtes.

Enfin, Monfieur, je conviens encore avec vous fur ces deux chefs; l'un qu'il eft de la derniere importance pour l'intérêt de la religion, de concilier l'ancien & le nouveau teſtament ſur un point de doctrine, auſſi conſidérable que la deffenſe ou la permiſſion de la poligamie; l'autre que la plus terrible objection que l'on pût faire contre la religion chrétienne, ou le coup le plus propre à cauſer ſa ruine, ſeroit de là convaincre de ne tendre qu'à dépeupler l'univers.

Voilà, Monſieur, les vérités, & les grandes vérités, que je ne fais point dificulté de reconoître dans les lettres, dont vous m'avez honoré. Je vous le répete, je conviens avec vous ſur tous ces chefs. Mais voici maintenant l'étrange opoſition qui ſe trouve entre nous. Elle roule ſur trois importans articles; & il n'étoit pas poſſible qu'elle fût plus grande.

1°. Vous regardez la poligamie come un uſage utile & reſpectable, en-

tant

tant qu'infiniment favorable à la propagation des homes.

2°. Vous ne doutez pas un moment qu'elle n'ait été permife fous la loi mofaïque, & qu'elle ne foit puiffament autorifée dans les récits du légiflateur des juifs, par les exemples des patriarches.

3°. Vous entreprenez de foutenir, qu'il n'y a pas le moindre figne dans l'évangile, qui faffe conoître, qu'elle foit en aucune façon contraire à la fainteté du chriftianifme.

De ces trois opinions il me femble que vous croyez que la derniere eft nouvelle, & qu'elle vous eft particuliere. Cependant je vous avertis que plufieurs théologiens vous en ont dérobé l'invention depuis lontems. Mais n'y ayez point de regret, je vous affure que vous conviendrez bientôt

avec moi, qu'ils ne vous ont rien dérobé, que l'honeur d'avoir mis une erreur de plus au monde. Pour les deux
autres, vous ſavez bien qu'elles vous
ſont comunes avec un nombre preſque
infini de perſones, théologiens ou autres ; en un mot c'eſt le ſentiment uni-
verſel. N'importe ; je n'en ſais pas
moins mauvais gré à un home tel que
vous de doner dans des préjugés pareils, ſurtout à l'égard du premier.
Quoi ! vous, Monſieur, partiſan de la
poligamie ! Vous qui avez le cœur &
l'eſprit ſi droit ! Eſt-il poſſible que vous
vous oubliiez juſques-là ! Quelles lectu-
res ou quelles converſations vous ont
gâté ? Qu'eſt devenue, permettez moi
de vous le dire, cette raiſon ſi pure
que j'ai vue ſouvent s'atacher au vrai
come par une eſpece d'inſtinct ? Eſt-il
poſſible qu'elle ne ſe révolte pas en
cette

cette ocafion, & que cette droiture de cœur ne fufiffe pas, indépendament de preuves & de difcuffions philofo-phiques, pour vous ouvrir, ou pour vous deffiller les yeux!

Il eft vrai que peut-être c'eft votre amour pour la religion, & les préju-gés où vous êtes à l'égard de l'ancien teftament, qui vous féduifent, & vous jettent dans une erreur fi peu con-forme à votre bon fens & à votre équi-té naturelle. Je voudrois au moins me le perfuader par un effet de l'eftime que j'ai pour vous. Mais non, je vois que vous êtes tout entier dans l'idée des fublimes avantages de la poliga-mie. Ce n'eft pas Moïfe, ni les pa-triarches, ni tout l'ancien teftament, qui vous la donent, cette grande idée. Vous leur favez aucontraire bon gré de ce qu'ils la favorifent; & vous cro-

I 3

yez

yez faire beaucoup pour la deffense du christianifme, d'établir folidement une bone fois, que Jefus-chrift, ni fes apôtres, n'ont point profcrit un ufage d'une fi admirable utilité.

Ah, Monfieur, que vous conoiffez mal, permettez-moi de vous le dire encore, l'intérêt de cette fainte religion que vous entreprenez de deffendre par une pareille voie! Laiffez, Monfieur, laiffez fubfifter plûtôt la redoutable dificulté de nos adverfaires. Laiffez les incrédules fe déclarer prefque tous avec une opiniâtreté peu comune en faveur de la poligamie. Gardez-vous de vous joindre à leur troupe impie: mais gardez-vous furtout de leur joindre Moïfe ce divin légiflateur, & Jefus-chrift lui-même; celui-ci, fous le prétexte d'un prétendu filence, & celui-là, fous le prétexte auffi faux d'une
ne

ne tolérance, ou d'une permiffion même bien éloignée de fes intentions.
Vous croyez avoir prouvé que la religion chrétienne, & fes livres facrés,
ne profcrivent nule part la poligamie,
& vous en triomphez pour elle. Sachez,
Monfieur, que fi vous aviez effective-
vement réuffi dans ce projet, vous lui
auriez porté un coup mortel dont il
n'y auroit pas moyen qu'elle fe relevât
jamais. Oui, fachez qu'un ennemi déclaré du chriftianifme, que la haine
n'aveugleroit pas fur les véritables intérêts de fa caufe, ne pouroit pas choifir un parti plus convenable que celui-
là, s'il y avoit ombre d'aparence d'y
réuffir. Mais qu'à Dieu ne plaife,
que ni vous, ni perfone, veniez à
bout de cette entreprife!

Vous verriez bientôt, Monfieur,
nos incrédules changer de bateries.

Au lieu de s'amuſer, come ils font maintenant, à chicaner ſur l'opoſition prétendue qui ſe trouve en ce point entre Moïſe & Jeſus-chriſt ; opoſition ſur la quelle ils n'inſiſtent que parce qu'on a la ſimplicité d'en convenir avec eux : s'il faloit, dis-je, qu'il ſe rencontrât dans le nouveau teſtament autant de traits favorables à la poligamie, qu'on s'imagine fauſſement en apercevoir dans l'ancien, vous les verriez bientôt tourner leurs armes de ce côté-là. Je vous garantis que ces zélés deffenſeurs de la poligamie, qui ſe plaignent ſans ceſſe du tort que la religion chrétienne a fait à la ſociété en aboliſſant cet uſage, tiendroient au moment même un langage tout diférent. Vous les verriez, j'en ſuis ſûr, nous reprocher notre reſſemblance avec le mahométiſme. Ils ne manqueroient pas alors de

reco-

reconoître, & de prouver merveilleu-
fement bien, que ce même ufage eft
contraire à la propagation, à la juftice, aux intentions de la nature, à l'é-
ducation des enfans, à l'union des familles, & qu'il n'eft capable que d'en-
trainer après foi une multitude de fuites funeftes.   Ils ne manqueroient pas
de nous en faire un pathétiqne détail,
& d'en conclure, " qu'une religion qui
„ tolere feulement un ufage fi rempli
„ d'iniquité, ne peut qu'être le fruit de
„ l'imagination vicieufe & corompue
„ des homes, bien loin de pouvoir fe
„ vanter de raporter à Dieu fon origi-
„ ne ". Ah qu'ils auroient un beau
champ, Monfieur & qu'il eft facheux
pour eux que notre fainte religion, qui
eft venue la premiere, fe foit emparée
du parti raifonable, & ne leur ait laiffé
que celui de l'extravagance & de l'er-

I 5

reur!

reur! Car ce n'eſt en vérité, come je crois en avoir de bones preuves, que l'envie de contredire, qui les a rendus, tous, ou preſque tous, partiſans de la poligamie.

Mais non, les incrédules n'en ſeront pas à la peine de changer de langage. Je vous les garantis condanés éternellement à ſe taire ſur ce ſujet, ou à vanter leur monſtrueuſe idole, & à lui chanter de chimériques triomphes (*a*). C'eſt un fait trop conſtant que tous les chrétiens s'acordent à rejetter ce pernicieux uſage (*b*); & je vous prouverai qu'ils ne font en cela que

(*a*) Alluſion au livre intitulé *Polygamia trium-phatrix*.

(*b*) Cela n'eſt point contraire à ce qui a été dit ci-deſſus, que des trois opinions d'Ariſte *les deux premieres lui ſont comunes avec un nombre infini de perſones, théologiens ou autres, enſorte que c'eſt même un ſentiment preſque uni-*

que suivre la doctrine de leur divin
Maître, sans peut-être à la vérité savoir trop pour la plûpart, ni coment,
ni pourquoi; selon que vous l'avez remarqué fort à propos. Mais c'est en
cela même qu'il faut reconoître, dans
la maniere dont la poligamie est condanée & proscrite par le nouveau
testament, une force toute singuliere.
C'est que toutes les sectes chrétiennes
en ont suivi l'impulsion sans presque s'en
apercevoir, & qu'il ne leur est point
ari-

universel. Les sectes chrétiennes s'acordent tou-
à rejetter la poligamie: néanmoins la plûpart
des gens ne laissent pas d'être convaincus,
qu'elle est fort utile à la propagation, & que
c'est pour cela que Dieu la toleroit sous l'ancienne loi. Préjugés tout purs, dans les quels
il seroit franchement fort à souhaiter de ne
pas voir la foule de nos chrétiens: quoiqu'au
fond, il faille leur rendre cette justice, que leur
erreur n'aproche en rien des excès où se sont
portés les incrédules à ce sujet.

arivé de se partager sur cet article,
come sur tant d'autres énoncés d'une
maniere bien plus expresse.

Quoiqu'il en soit, Monsieur, je
vous le répete, je m'engage à vous
démontrer que cette deffense est un
dogme essentiel du christianisme, un
précepte émané de Jesus-christ même.
Et ne croyez pas qu'en établissant cette vérité avec plus d'évidence qu'elle
ne l'est aujourdhui, puisqu'il se trouve
encore des persones come vous, & de
graves théologiens-mêmes qui peuvent
en douter; ne croyez pas que je fasse
aucun tort à la religion, & que
les inconvéniens aux quels vous avez
cru remédier, reparoissent dans toute
leur force. Cessez de vous alarmer.
Toutes vos dificultés, & toutes celles
de l'Incrédule dont vous me parlez,
se réduisent à ces trois chefs; l'oposition

tion avec la loi de Moïse, la propagation de l'espece moins favorisée que
sous l'ancien testament, & un obstacle de plus, tout-à-fait considérable,
à la conversion des infideles. Il n'y
aura, Monsieur, que ce troisieme inconvénient qui subsistera dans son entier, du moins vis-à-vis des incrédules.
Par raport à nous, vous avez déjà vous-
même doné une excellente solution à
cette dificulté, en remarquant dans votre seconde lettre, que *si la deffense de la*
poligamie se trouve être un point essentiel de
la morale chrétienne, Dieu saura bien par
sa grace lever un jour ce prodigieux obsta-
cle à la conversion de tant de peuples in-
fideles, come il a sçu faire triompher l'o-
probre de la croix de tout l'orgueil des sa-
ges & des rois de la terre. Paroles très
pieuses & très sensées, que j'adopte
avec bien du plaisir. C'est donc à
nous

nous à profeſſer ſa ſainte religion, telle qu'il nous l'a donée, en nous en re-
mettant à ſa toute-puiſſance de l'acom-
pliſſement de ſes promeſſes.

A l'égard des deux autres dificultés
qui vous alarment ſi fort, je ne vois
pas ce qu'elles ont tant à vous inquiéter. Quand même il ſeroit vrai, ce
qui n'eſt pas, que la poligamie fût auſſi
utile à la propagation que vous vous
l'imaginez, & qu'elle fût autoriſée par
les exemples & par la doctrine de
l'ancien teſtament: quand tout cela ſeroit vrai; quel inconvénient y auroit-
il donc que Jéſus-chriſt en eût pourtant
interdit l'uſage?

Supoſons premiérement, Monſieur,
que la poligamie ſoit auſſi utile que
vous le penſez. Vous ne ſoutiendrez
jamais au moins, ni vous, ni perſone, qu'elle ſoit néceſſaire, puiſqu'il y

a

a eu des pays très peuplés où elle a
toujours été proscrite , tels qu'autrefois Rome & son téritoire , dont le
nombre des habitans étoit excessif ,
même du tems de la république , &
avant qu'elle eut obtenu l'empire du
monde. Les romains , dites - vous ,
compensoient par des loix très sages le
désavantage d'être privés de la poligamie. Eh qui empêche nos princes
de les remettre en vigueur, ces loix ?
Qui les empêche de proscrire rigou-
reusement le célibat, passé un certain
âge, sans de bones & solides raisons ?
Qui les empêche de favoriser les mariages, en acordant des privileges aux
peres de famille à proportion du nombre de leurs enfans ? Ils verront alors
naître dans leurs états un peuple im-
mense sans qu'il soit besoin de recourir
à la pluralité des femmes. En effet si
l'Eu-

l'Europe eſt aujourd'hui ſi dépeuplée, il eſt facile de voir que ce n'eſt point à l'abolition de cet uſage par le chriſtianiſme, qu'il faut s'en prendre, mais en partie aux abus qui ſe ſont gliſſés dans la religion; je veux dire le célibat des écléſiaſtiques, & cet affreux monachiſme contre le quel vous vous élevez avec tant de raiſon; ſans compter quelques autres cauſes d'une autre nature, dont je vous parlerai dans la ſuite. Mais ces abus n'étant point eſſentiels au chriſtianiſme, les incrédules ont très grand tort de lui en faire un crime aſſurément.

Supoſons de plus en ſecond lieu, puiſque vous le voulez ainſi, que dans la vue de multiplier ſon peuple avec plus de promptitude, Dieu eut permis la poligamie ſous l'ancienne loi. (Certes je prouverai bientôt que ç'auroit donc été

été par miracle qu'il l'auroit voulu multiplier, fa toute-puiffance ne pouvant
gueres choifir un moyen moins aproprié
aux fins que celui-là ; foit dit avec votre permiffion.) Supofons-le cependant, afin de ne point déranger ici vos
idées fur trop d'articles à la fois. Quel
inconvénient, Monfieur, y auroit-il
que Dieu l'eut interdite depuis, en fefant céder cet avantage quelconque,
devenu prefque inutile, à d'autres a-
vantages, & à d'autres vues de fageffe,
conues ou inconues, n'importe ?

Il en feroit de cela come des mariages entre freres & fœurs, qui dans
le fond font une chofe fort inocente,
enforte que Dieu a pu s'en fervir, come il a fait, pour la propagation du
genre humain, au tems de la création,
parce qu'il jugeoit convenable de faire fortir tous les homes d'un même pe-

re & d'une même mere, afin qu'ils fuffent liés à jamais par les nœuds d'une
parfaite fraternité, après quoi Dieu a
pu profcrire ces fortes d'unions, d'autres vues de fageffe lui fefant apercevoir un mieux réel à les interdire pour
lors, qu'à en laiffer fubfifter l'ufage parmi les homes.

Où donc feroit encore un coup,
Monfieur, l'inconvénient de cette opofition entre l'églife judaïque & la chrétienne, fur une chofe que vous regardez come inocente en foi? Son utilité
prétendue, je le réitere, ne fait rien ici,
puifque vous n'oferiez foutenir qu'elle aille jufqu'à la néceffité, & que vous
avouez-même que les loix romaines en
compenfoient très bien les avantages.
D'un autre côté il n'eft d'aucune conféquence, que Jefus-chrift ait jugé à
propos de deffendre, ce que Möïfe
avoit

avoit permis fur un fujet indiférent.
C'eſt une remarque que vous avez faite vous-même, dans votre feconde lettre, ſi je ne me trompe.   Tout ſe ré-
duit-là pourtant.   Je ne conçois donc
pas quel peut être l'entêtement des
incrédules à rebatre une ſi frivole dificulté.   Je conçois encore moins ce
qui les anime à ſe déclarer preſque tous
avec tant de feu en faveur de la poligamie, dans l'opinion de porter par là au
chriſtianiſme un coup terrible; ſi ce
n'eſt, come je l'ai déjà obſervé, qu'ils ne
ſe déterminent que par pur eſprit de contradiction.   Et quant à vous, je ne
conçois pas non plus ce qui vous effraye
ſi fort, à moins que ce ne ſoit une fuite de l'étourdiſſement où vous auront
jetté les criailleries de ces gens-là: ce
qui vous aura fait croire qu'il y avoit
réellement une groſſe dificulté.

Ne pensez pas aurefte, Monfieur, que ce que je vous dis ici détruife l'aveu que j'ai fait plus haut, en convenant avec vous qu'il eft de la derniere importance, pour l'intérêt de la religion, de concilier l'ancien & le nouveau teftament fur l'article de la poligamie. Et ne penfez pas auffi que c'eft ce que je viens de vous dire que j'en regarde come la conciliation. Celle que je prépare fera vraiment bien d'une autre nature, puifque je n'entreprens rien moins que de vous prouver, que Jefus-chrift & les apôtres n'ont deffendu la poligamie que come un ufage déjà condané dans l'ancienne loi. Surquoi donc tombe la jufte aplication de ce qui précede? C'eft, Monfieur, que je ne confidere pour le préfent la chofe que felon les idées & les principes où je vous vois. Ce n'eft

qu'un

qu'un argument *ad hominem*, dont le but eſt de vous faire comprendre, que dans vos ſentimens vous avez tort d'enviſager cette opoſition entre Moïſe & Jeſus-chriſt come quelque choſe de fort embaraſſant, ou qui ſoit d'une conſéquence ſi dangereuſe.   Mais il n'en eſt pas de même à mon égard.   Mettez-vous en ma place : vous jugerez ſans peine que pour moi la choſe eſt envérité tout autrement embaraſſante.

Songez que je regarde la poligamie, non come un uſage utile, ou ſeulement même indiférent, mais come infiniment préjudiciable à la ſociété, contraire à la nature, au bon ſens, à l'équité, à la propagation de l'eſpece : oui, Monſieur, à la propagation de l'eſpece : come un uſage déteſtable même ; & ce n'eſt point trop dire, quand on eſt au-

tant perfuadé que je le fuis, des défordres, des abus, & des conféquences
funeftes, qu'il entraîne prefque nécef-
fairement après foi. Je vois tout cela, Monfieur, & bien loin par conféquent de trouver quelque peine en ce
que Jefus-chrift a condané un pareil
ufage, j'adore la fageffe de fa loi, &
je benis la fainte efficacité de fa religion, plus puiffante pour l'abolir, que
n'ont été les armes romaines elles-mêmes, qui l'ont laiffé fubfifter affez lontems chez des peuples affujétis. Mais
s'il n'y a point pour moi de dificulté
de ce coté-là, il y en auroit une bien
étrange, fi je penfois, come vous faites, que la loi de Moïfe, loi qui n'eft
pas moins émanée de Dieu que celle
de Jefus-chrift, a pu permettre un ufage
auffi odieux à tous égards, & dont je
conois fi parfaitement l'iniquité.

Voi-

Voilà, Monsieur, en quoi consiste, à mon avis, l'indispensable nécessité d'a-corder les deux loix sur ce qui concer-ne *l'essence du mariage*, c'est-à-dire, sur ce qui concerne tout ce qui se peut ima-giner de plus important au bonheur & à l'ordre de la société.

Dans le point de vue où je conside-re les choses, je devrois m'alarmer bien plus que vous; & je vous avoue qu'il y auroit bien lieu de s'alarmer en ef-fet, si je n'étois très sûr de les conci-lier, ces deux loix. Et coment les concilier? Ce n'est pas par un moyen semblable à celui que vous a suggéré un zele louable, mais rien moins qu'heu-reux; moyen qui n'iroit, hélas, qu'à doubler le scandale même qu'il faut oter. C'est en effaçant jusqu'aux moin-dres vestiges de cette tache honteuse. C'est en constatant que la loi de Moï-

K 4

se

ſe n'a jamais, ni comandé, ni autoriſé, ni toléré le moins du monde, ce déteſtable uſage de la pluralité des femmes, qu'aucontraire elle l'a condané en pluſieurs manieres, & en termes plus formels que n'ont fait depuis, les livres de la nouvelle aliance.

Raſſurez-vous donc, Monſieur; car je vous done ma parole qu'il ne reſtera plus rien dans toute cette queſtion dont vous ayez ſujet de vous inquiéter, & je me fais fort d'amener tout ce que je vous dis-là au point d'une démonſtration complette. Je me fais fort en un mot de prouver ces trois articles de la maniere la plus ſatisfaiſante.

I. Que ce n'eſt qu'en vertu de la doctrine de Jeſus-chriſt & de ſes apôtres, que toutes les ſectes chrétiennes regardent la poligamie come un adultere

tere dans les formes, & qu'elles la re-
jettent par un confentement fi univer-
fel que véritablement votre furprife
n'eft pas tout-a-fait mal fondée de ce
côté-là.

II. Que cet éloignement de la poligamie eft un des plus grands avantages
temporels que le chriftianifme ait pro-
curé aux nations qui ont eu le bonheur
de l'embraffer; ce dont je vous con-
vaincrai en vous expofant dans le dernier détail toutes les raifons qui démontrent l'injuftice de cet ufage, les
inconvéniens qui en découlent, & le
peu de folidité de tout ce que les incrédules & autres aléguent en fa faveur.

III. Enfin que l'ancien teftament
n'autorife point la poligamie; que la
loi de Moïfe ne l'a jamais, ni permife, ni tolérée; & que bien loin de là

ce légiflateur l'a interdite, d'une façon plus pofitive & plus expreffe, que Jefus-chrift même ni fes apôtres.

C'eft l'ordre, Monfieur, que je compte doner à tout ce que je dois avoir l'honeur de vous dire fur cette matiere: ce qui fera fort long, je vous en avertis, mais peut-être affez curieux & affez intéreffant; furtout, je me l'imagine, affez utile, pour vous dédomager des peines de votre lecture. Je comence par ce qui regarde la deffenfe de la poligamie dans le nouveau teftament, parce que c'eft ce que je puis vous démontrer avec le plus de facilité. Ce premier article ne me tiendra gueres que les deux ou trois lettres fuivantes. Je traiterai après cela ce qui concerne l'injuftice & les fuites funeftes de cet abus, pour que d'une part vous vous réjouiffiez de voir que notre

tre

tre fainte religion, non feulement ne garde pas un filence criminel fur un pareil ufage, mais qu'elle l'a profcrit autant qu'il étoit néceffaire, & de l'autre part, Monfieur, afin de vous faire défirer avec ardeur, qu'il foit poffible de difculper auffi Moïfe & l'ancienne loi, de tout reproche à cet égard. Mais je ne ferai point naître ce défir en vous pour ne le point fatisfaire. Après avoir traité le fecond article dans toute l'étendue requife, je mettrai tous mes foins à remplir mes obligations à l'égard du dernier, qui m'arêtera lui feul auffi lontems que les deux autres enfemble, ou peu s'en faut; non pour la dificulté de la chofe, come vous le pouriez croire, mais par la multitude des réflexions qui concourent à l'établir. Enforte que vous conviendrez alors, que fi ceux qui trouvent la deffenfe de

la

la poligamie dans l'ancien teſtament, ſe piquent, come vous dites, d'avoir meilleure vue que les autres, il eſt très ſûr au moins, que pour apercevoir cette deffenſe, leur vue n'a pas beſoin de ſe porter hors de la ſphere des choſes ſenſiblement exiſtantes ; j'ajouterois volontiers, les plus palpables.

Au reſte, Monſieur, ne m'alez pas imiter. Je ne vous ai point intérompu pendant le cours de vos huit lettres, parceque vous m'en aviez preſque prié. Je vous exhorte, moi, à m'intérompre fréquemment, & à me propoſer vos doutes & vos dificultés autant de fois & ſelon que vous le jugerez à propos ; afin que je ſois informé, ſi j'ai le bonheur de les réſoudre, au point que je me flate d'y réuſſir.

LET-

LETTRE X.

ARISTE.

Il témoigne à son ami le prodigieux étone-
ment où le jettent des sentimens si con-
traires aux siens & aux idées les plus
comunes. Au reste tout le but de cette
lettre est de mettre indirectement l'état
de la question dans un plus grand jour,
& de répandre en même tems quelque
sorte d'intérêt sur cette matiere.

MOn impatience, Monsieur, ne
me permet pas d'atendre pour
vous écrire, que j'aye reçu les premiers
effets des étonantes promesses que vous
venez de me faire. Je ne puis me
tenir de vous en marquer ma surprise
extrême. Il faut absolument que je
vous laisse entrevoir mes doutes & ma
défiance; ne fût-ce que pour vous piquer d'honeur de remplir vos engage-

mens

mens, avec le plus de promtitude qu'il
fera poffible.

Quels paradoxes, Monfieur! Si je
ne vous conoiffois pas autant que j'ai
l'honeur de vous conoître; fi la gravité de votre caractere, fi le ton fé-
rieux & véhément même avec le quel
vous me parlez, ne m'en impofoient;
fi après que je vous ai témoigné combien je prenois à cœur toute cette
queftion, & après y avoir mêlé l'intérêt facré de la religion, il n'y avoit
une forte d'indécence & de barbarie
à n'y répondre qu'en badinant; fi les
noms refpectables qui entrent à tout
moment dans cette queftion, pouvoient
me laiffer imaginer que vous ne l'euf-
fiez regardée que come une de ces
matieres indiférentes, où l'efprit peut
chercher un exercice à fa fubtilité, &
fe jouer en feignant de vouloir démontrer

trer des chofes éloignées de toute vraifemblance : fi ce n'étoit vous faire injure , Monfieur, que de m'arêter un
moment à de pareils foupçons, je ne
faurois que penfer en vérité. Tant
eft étrange le renverfement d'idées que
me caufe votre derniere lettre!

Quels paradoxes , vous dis - je , &
dans quelle progreffion il vont en croif-
fant depuis le premier jufqu'au troifieme, qui acheve de porter ma furprife
au-delà de toute imagination ! Je dis
depuis le premier : ce n'eft pas que
je regardaffe en foi come un fort fur-
prenant paradoxe l'opinion contraire
de celle où j'étois, & où j'ai peine à
n'être pas encore en atendant vos
preuves, à l'égard de la non-abolition
de la poligamie par le nouveau teftament; mais je ne puis m'empêcher de
la regarder actuellement come telle, en

con-

confidérant les chofes fur les quelles vous convenez avec moi ; car il me femble que ce ne feroit qu'en réfutant toutes ces chofes qu'il y auroit moyen d'entamer mon opinion. Cependant mes principes vous paroiffent juftes ; vous ne me les difputez point, vous me faites-même la grace d'y aplaudir. Quelles peuvent donc être vos ref-fources, Monfieur? Je ne le conçois pas.

Mais combien votre feconde pro-pofition n'eft-elle pas encore plus éto-nante! Que vous vous fuffiez retranché, come vous avez fait en partie, fur ce que l'ufage de la poligamie n'eft pas d'une telle néceffité pour procurer à un peuple un acroiffement raifonable, que par de fages réglemens on n'en puiffe compenfer très bien les avanta-ges, à l'exemple des loix romaines ; j'é-

tois

tois satisfait, & voulant aider à la chose en faveur de la religion, fupofé qu'il fût démontré qu'elle l'eût effectivement deffendue, je n'aurois pas répliqué. Il n'y a que mon Incrédule & fes femblables qui peut-être auroient été plus dificiles. Mais, Monfieur, n'outrez-vous pas les chofes en avançant que la poligamie eft contraire à la propagation, oui contraire, ajoutez-vous, en afectant-même d'infifter là-deffus par une répétition toute des plus énergiques? Quoi, la Chine & le Japon, ces pays les plus peuplés de la terre, quoique la poligamie y foit portée, l'on peut le dire, jufqu'à l'excès? Quoi, les nations feptentrionales refférées dans leurs limites, précifément depuis l'abolition de cet ufage! Quoi, des faits auffi notoires

& auffi décififs n'ont-ils rien, qui foit capable de vous épouvanter un peu?

Je vous avoue que cela me paffe. Mais faut-il donc que ce ne foit pas encore-là, Monfieur, le dernier période de ma furprife, & que non-content de vous retrancher dans votre troifieme article, à prétendre, par exemple, que la poligamie n'étoit que tolérée dans l'ancienne loi, (ce qui me paroitroit déjà du dernier infoutenable, en voyant un réglement pofitif qui fupofe clair come le jour, que l'ufage en eft comun; en en voyant un autre, qui en fait en certains cas un devoir indifpenfable; en voyant enfin ces faints perfonages, Abraham, Jacob, David, & tant d'autres, qui l'apuyent de leurs grands noms :) faut-il, dis-je, encore Monfieur, que vous vous avanciez

juf-

jusqu'à soutenir, qu'elle y est expressément défendue, & plus expressément
que dans la nouvelle loi, vous qui
croyez pourtant qu'elle l'est dans celle-
ci, sur le même pied que l'adultere !

Alons, Monsieur; vous vous êtes
ouvert un vaste champ. Hâtez-vous,
je vous en conjure, d'effectuer une
telle entreprise. Je suis fort éloigné
d'avoir intention de vous défier, je
désire même par mille raisons que
vous puissiez ne vous être pas mépris;
mais je le désire trop, je vous l'avoue,
pour en concevoir une entiere espérance. Hâtez-vous donc d'étoufer par
de promptes & solides démonstrations,
les doutes que toute mon estime & mon
amitié ont bien de la peine à retenir
dans mon esprit.

Malgré les vœux sinceres que je fais

pour votre victoire, j'entrerai en lice avec vous, puisque vous le voulez. Secouru de l'extrême avantage du terrain, ce ne sera pas à moi trop de témérité ; & c'est le seul endroit, par où vous puissiez avoir à craindre un adversaire si peu redoutable. Pour moi, n'osant me flater d'une constante supériorité dans tous les points, je ne crains rien tant que de n'être pas tout-à-fait vaincu. C'est que suposé que vous n'eussiez un plein succès que sur vos deux premiers articles, & qu'après cela vous ne puissiez, ce dont je tremble, justifier Moïse & l'ancien testament, quelle tache, Monsieur ! Quel scandale, ainsi que vous ne l'avez que trop bien observé ! Quel scandale, qu'une loi divine eût autorisé un usage, qui seroit effectivement aussi pernicieux & aussi détestable que vous le dites !

Il

Il n'y a donc point de milieu, Monfieur; je vous fouhaite, ou une entiere défaite, ou une entiere victoire.
Dans l'un & dans l'autre cas notre fainte religion eft également en fureté :
mais je défire le dernier plûtôt, s'il eft
poffible; parce que content d'avoir au
moins le zele & les bones intentions,
je verrai l'honeur de la réuffite avec
plus de plaifir, je vous affure, dans
les mains de mon ami, que dans les
miennes.

LETTRE XI.

EUDOXE.

Diverses réflexions & observations. Une entr'autres sur le langage constant de Jesus-christ & de ses apôtres, qui ne parlent jamais que d'une seule femme, & n'en suposent jamais qu'une seule, en autant d'endroits de leurs discours & de leurs écrits, où il soit question du mariage. Conséquences que l'on doit tirer, par raport à ce qu'ils pensent de la poligamie.

EN entrant en lice avec moi, Monsieur, les vœux que vous formez en ma faveur, sont bien dignes d'un sincere & généreux ami de la vérité, tel que vous êtes. Je n'y puis répondre mieux, qu'en me hâtant de produire au gré de vos désirs, ces preuves & ces démonstra-

tions,

tions, qui feules peuvent être capables, & de fixer vos doutes, & de calmer vos inquiétudes. Je vais donc vous fatisfaire en començant au moment même.

Je ne me dédis, Monfieur, d'aucune des chofes fur les quelles j'ai déclaré que je convenois avec vous. Vous alez voir cependant que mon premier paradoxe ne me coutera pas beaucoup à établir. L'afaire en fera bien avancée dès aujourd'hui, quoique je n'aye deffein de vous doner encore que la moitié de mes preuves. Ce premier point eft d'une fi grande facilité, que vous auriez tort, je vous en avertis, d'en rien conclure pour le refte, & de vous atendre à rien de pareil à l'égard des deux autres. Ceux-là, je vous l'ai déjà dit, me demanderont des difcuffions un peu plus longues; mais

L 4

n'imn'importe, pourvû que le fuccès foit le même, & c'eft ce que j'ofe vous garantir.

Pour notre premiere queftion, prenez garde, Monfieur, en quoi elle confifte. Il ne s'agit point de vous prouver que la permiffion de la poligamie foit révoquée dans le nouveau teftament, ou que Jefus-chrift & fes apôtres en ayent abrogé l'ufage. Cela fupoferoit que cette permiffion auroit été donée, & que du tems de Jefus-chrift cet ufage étoit établi fur un fondement légitime. Or cela n'eft pas vrai. Du tems de Jefus-chrift nous ne voyons pas même que la poligamie fut pratiquée chez les juifs. Il y avoit déjà plufieurs fiecles qu'ils étoient revenus de cet abus, qui même n'a jamais pu être fort généralement répandu parmi eux, ainfi que je vous le démontrerai. Mais

Mais d'ailleurs s'il eſt vrai, come je le penſe, que la permiſſion n'en avoit point été donée, & que bien loin de-là, cet uſage étoit réputé injuſte & criminel, tant ſous la loi de Moïſe que ſous celle de la nature, vous concevez bien qui n'y avoit lieu à aucune rétractation ou abolition, come à l'égard du divorce, dont la permiſſion avoit été acordée en termes formels, & dont l'abus étoit porté chez les juifs à un excès prodigieux; à un tel excès, qu'il étoit très comun d'y voir contracter des mariages, qui ne paſſoient pas la durée d'un jour.

Voilà ce qui rendoit l'abolition du divorce ſi néceſſaire, & demandoit qu'elle fût énoncée d'une maniere tout-à-fait authentique: mais la poligamie n'étoit point dans ce cas. Elle n'étoit plus ou preſque plus en uſage parmi les

L 5

juifs,

juifs, ainsi que vous pouvez vous en convaincre en recherchant dans les sources les mœurs & les coutumes de ces tems-là. Ainsi, Monsieur, quand j'aprouve fort ce que vous établissez dans votre troisieme lettre, je veux dire seulement, que si tout ce que vous suposez étoit vrai, vous auriez grande raison d'en conclure, que la permission de la poligamie devoit être abrogée avec incomparablement plus d'éclat, que ne l'a été celle du divorce. Mais souvenez-vous que je vous ai promis, de retourner à mon avantage toute cette judicieuse observation ; & voici coment. C'est que quand j'aurai prouvé que le nouveau testament condane la poligamie, vû que quoique ce soit avec une clarté très sufisante, il ne le fait pourtant pas avec cet éclat que vous désirez, ce sera déjà dans vos

pro-

propres principes, un violent préjugé,
du moins à l'égard de nous autres chrétiens, (car ceci ne ferviroit de rien
vis-à-vis des incrédules,) ce fera, dis-
je un fort préjugé, à votre égard par
exemple, que la poligamie n'eft peut-
être pas fi fort autorifée dans l'ancien
teftament, qu'on a coutume de fe l'i-
maginer.

Et quand j'aurai fait voir enfuite,
que cet ufage eft contraire à la nature,
au bon fens, à l'équité, & qu'il n'eft
capable que de traîner après foi une
infinité de fuites funeftes, qui le rendent d'une conféquence tout autrement préjudiciable à la fociété, que
l'adultere-même; ce fera encore, du
moins à notre égard, & entre nous
autres chrétiens, une nouvelle confirmation, que ce premier préjugé que
j'aurai fait naître, doit affurément
n'ê-

n'être pas trop mal fondé. Car voyez-vous bien, Monsieur , je vous prouverai que Jesus-christ condane la poligamie sur le pied de l'adultere, & je vous le prouverai de maniere à n'en pouvoir douter; mais ce ne sera qu'à l'aide d'une déduction fort indirecte, puisque vous avez remarqué très juste, qu'il n'en est absolument question en aucun endroit des écrits évangéliques. En effet on ne peut pas dire, qu'il en soit touché un seul mot dans tout le nouveau testament , à parler à la rigueur. Néamoins je vous garantis, qu'il y en a plus qu'il n'en faut pour conclure avec raison ce que j'avance, que Jesus-christ la condane , & cela, j'ose le répéter, sur le même pied que l'adultere. C'en est assez d'un coté, pour déterminer tous les chrétiens à la fuir : mais de l'autre, en conséquence

de

de l'obſervation de votre troiſieme
lettre, nous devons être portés avec
une véritable ardeur, à rechercher s'il
n'y auroit pas quelque choſe de plus
dans l'écriture, & ſi nous ne pourions
point découvrir, que cet uſage, une
fois reconu tout-à-fait injuſte & pernicieux, bien loin d'être autoriſé dans
l'ancien teſtament, come on le croit,
n'y ſeroit pas aucontraire flétri, &
d'une maniere plus expreſſe, plus poſi-
tive que dans le nouveau, ainſi que la
choſe devra vous paroître néceſſaire
dans le point de vue où je vous aurai
mis.   Or tenez-vous pour convaincu,
qu'en feſant cette recherche, nous
nous aſſurerons que rien au monde
n'eſt plus réel.

Mais je m'aperçois, Monſieur, que
je vous promets toujours, ſans avoir
encore effectué autre choſe, que des
géné-

généralités vagues, ou des préliminai-
res qui ne décident rien. Venons donc
au fait, & prouvons enfin que l'évangile condane la poligamie, d'une maniere, qui pour être indirecte, n'en
est pas moins de nature à ne laisser
aucune sorte de doute dans notre
esprit.

J'établis cette vérité sur deux moyens:
l'un que nous fournit un passage, qui
renferme des paroles de Jesus-christ
même, des quelles on peut déduire démonstrativement, que ce divin maître
regarde la poligamie come un adultere
dans toutes les formes; l'autre se tire,
non d'un passage particulier, mais d'u-
ne observation constante sur autant de
passages, qu'il y en a dans le nouveau
testament où il soit question de maris
& de femmes: & c'est par cette derniere preuve que je comence.

Il

Il feroit bien étrange, Monfiéur, qu'une loi qui permettroit dans les mariages, ou feulement qui fupoferoit permife une pluralité d'où il réfulte un fiftême de gouvernement domeftique d'un tout autre ordre, ne fît nule part quelque légere allufion à cette pratique, & qu'elle parlât dans toutes les ocafions, précifément come celle dont l'auteur auroit ignoré-même, qu'il y eût au monde un ufage de la poligamie. Ce qu'on alégue par exemple de plus fpécieux, pour établir que la loi de Moïfe n'étoit point opofée à cet abus, c'eft que l'on produit un article où il femble que ce légiflateur y faffe une allufion fenfible. *Quand un home aura deux femmes*, dit-il *(a)*: & l'ordonance

(a) Selon toutes les traductions ;(Deut. ch. 21. v. 15.)mais on fera voir dans la lettre XLIV, qu'il y a ici une lourde fauté, ocafionée par une petite ambi-

ce dont c'eſt-là le début, ne va pas à nous aprendre le chatiment qu'il faut infli-

ambiguité de gramaire. Il faloit traduire, *quand un bome aura eu* : ce que le texte hébreu comporte également, & qui done une conſequence fort diférente, puiſqu'alors cet home peut n'avoir eu les deux femmes que l'une après l'autre, ſoit par décès de la premiere, ſoit par divorce. On démontrera que c'eſt de cette maniere que le légiſlateur l'entendoit. C'eſt de la ſorte, que partie pour ne pas bien rendre le ſens de l'écriture, partie pour n'en pas ſaiſir toute l'étendue, les interprétes mettent ſur le compte du St. Eſprit, ce qui n'eſt, & ne peut être aſſurément que ſur le leur.

On a été bien aiſe de doner ici cet échantillon, de ce qu'on doit dire ſur l'un des articles de l'ancienne loi, où l'on ait cru trouver le plus clairement la poligamie, afin de faire comprendre au lecteur que ce qu'on lui anonce ſur cette matiere, pouroit bien n'être pas auſſi chimérique, que peut-être il ſe l'imagine. Mais il faut ſe ſouvenir que cette note, qu'on n'a miſe ici qu'à cette intention, n'eſt point d'Eudoxe. Si Ariſte l'avoit vue, il ne ſeroit pas naturel qu'il infliger à ce bigame; fi c'eſt à la mort, ou aux travaux publics, qu'il mérite d'être condané.   Au lieu de cela, elle ſe contente de régler la conduite qu'il doit tenir, envers les enfans d'une de ſes femmes qui auroit encouru ſa haine.   Pour n'en juger que par les premieres aparences, voilà ce qui s'apelle effectivement, ſupoſer que pour le moins on fera quelque uſage de la poligamie, & n'y mettre cependant aucun obſtacle.   Voyez auſſi les loix des Turcs,

qu'il parlât come il fait encore en pluſieurs endroits, ſurtout au commencement de la lettre XIII. Son ami a eu l'art de le tenir un peu plus en haleine, en ne lui découvrant point ſans néceſſité, ce qui étoit capable de le détromper trop vîte, ou de lui faire concevoir qu'on pouroit le détromper un jour, & à moins de frais qu'il ne penſoit. Cela ſert à animer un peu plus cette controverſe.

Tom. I.   M

Turcs, des Perſans, des Chinois, &
de tous les peuples chez qui les homes
ont la liberté de prendre pluſieurs femmes; non ſeulement vous y trouverez
des réglemens poſitifs, ſur ce ſujet,
mais vous y rencontrerez une infinité
d'alluſions, dans des endroits où il n'eſt
d'ailleurs nulement queſtion de cet
uſage ni des ordonances qui le concernent. Rien de pareil, Monſieur,
dans le nouveau teſtament, ſi ce n'eſt
ce paſſage de l'épitre à Timothée, qui
a une interprétation bien diférente de
celle que vous lui avez donée; interprétation ſi naturelle, que je ne conçois
pas coment elle ne s'eſt point préſentée à votre eſprit. Mais c'eſt ce que
nous examinerons par la ſuite. Une exception ſi légere, & qui peut être con-
teſtée, fait ſi peu de tort à la ſolidi-
té de mon obſervation, que je puis ne

m'en

m'en pas embaraffer beaucoup pour le prefent.

Quoi, Monfieur, eft-il donc bien poffible d'héfiter un inftant, à croire que Jefus-chrift & fes apôtres regardent la poligamie, come un ufage qui n'aura pas lieu, lorfque nous les voyons, dans tous leurs difcours fur le mariage, & les gens mariés, ne parler jamais que d'une *feule* femme, n'en fupofer jamais qu'une *feule* ? En aucun endroit du nouveau teftament leurs expreffions ne tendent le moins du monde à préfenter l'idée de *plufieurs* ; ou pour m'exprimer grammaticalement (ce que je veux faire entendre n'en fera que plus clair ;) en aucun endroit le mot de *femme* ne fe trouve au nombre pluriel, que quand celui d'*home* s'y trouve auffi, come dans cette ocafion & les femblables : *Maris, aimez vos femmes ; Fem-*

mes,

mes, *foyez foumifes à vos maris*, & non pas *à votre mari*, come l'auroit pu dire le faux prophete Mahomet. Mais fi ce n'eft dans ces ocafions-là où le mot de *mari* eft au pluriel, celui de *femme* eft toujours au fingulier, come quand il eft dit, *que le mari eft la gloire de fa femme*, & non pas *de fes femmes*; *qu'un mari ne doit point quiter fa femme, ni fa femme fon mari*; *que celui qui eft marié a foin de plaire à fa femme*, & tant d'autres endroits. En vérité, Monfieur, quand un pareil langage eft répété fi fréquemment, quand il eft répété une infinité de fois, autant de fois même qu'il s'eft préfenté d'ocafion qu'il le fût, excepté un feul paffage qui peut recevoir fort naturellement une explication conforme au refte, n'eft-ce pas une preuve autant fatisfefante qu'on puiffe la défirer, que le légiflateur fupofe

pofe qu'en effet chaque home n'aura jamais qu'une feule & unique femme, en un mot que la poligamie n'aura pas liéu?

Or confidérez maintenant dans ce point de vue ce paffage de l'épître aux Corinthiens, dont vous avez tâché d'infirmer les conféquences, *Toutefois pour éviter l'impureté, que chacun ait fa femme & que chaque femme ait fon mari,* & ce qui fuit, *Que le mari rende à fa femme l'amitié qui lui eft due,* & ce qui fuit encore, *Que le mari n'eft plus le maître de fon propre corps, mais qu'il eft en la puiffance de fa femme (a)* ; vous m'avourez que quoique ce paffage confidéré tout feul, ainfi que j'en fuis convenu, ... ne

____

(a) Remarquez dans le même chapitre cette expreffion, *ceux qui ont une femme,* où le mot de femme eft au fingulier, quoique le tour de phrafe à l'égard des homes foit au pluriel.

ne puiſſe pas être d'un grand ſecours
contre les partiſans de la poligamie, à
cauſe des judicieuſes remarques que
vous avez faites, il aquiert à l'heure qu'il
eſt une toute autre force. Je veux bien
pourtant n'en faire en particulier aucun
uſage, afin que vous ne m'acuſiez pas
de vous rien retirer de ce que j'avois
d'abord cédé d'aſſez bone grace. Mais
vous ne pourez pas trouver mauvais
que je le mette à la tête de tous les autres. Vous ne pourez pas non plus élu-
der la force démonſtrative qui réſulte
de leur union. Vous ne pourez pas au
moins vous diſpenſer de tomber d'a_
cord avec moi, (en voyant que Jeſus-
chriſt, & tous les apôtres, & le nouveau teſtament tout entier, tiennent

riel. On ne finiroit pas ſi l'on vouloit faire
une liſte de tous les endroits pareils du nouveau teſtament.

le même langage que St. Paul; en voyant qu'ils ne parlent jamais que d'une
feule femme, qu'ils n'en ont jamais
qu'une feule en vue,) vous ne pourez
pas, vous dis-je, vous empêcher de
convenir, Monfieur, que fi ce paffage ne renferme pas la deffenfe de la
poligamie, il eft inconteftable qu'il la
fupofe avec la foule des autres; qu'il
ne s'agit plus par conféquent que de la
chercher quelque part, & que quand
même on ne la démêleroit pas, ceci
pourroit encore fufire, au défaut d'une
énonciation précife, de tel ou tel verfet
d'un tel chapitre d'un des écrivains é-
vangéliques.

Voilà, Monfieur, ma premiere
preuve dont la force me paroît telle,
je vous le répete, que je ne fuis pas
étoné que toutes les feétes chrétiennes en ayent fuivi l'impulfion,

M 4   fans

sans presque s'en apercevoir. Si votre zele un peu précipité, ne vous avoit fait croire qu'il étoit fort important, de trouver à quelque prix que ce soit, que le nouveau testament ne deffend pas la poligamie, vous auriez continué à suivre come les autres cette impulsion tacite, sans vous aviser seulement d'en rechercher la cause. Et si je ne craignois qu'il n'y eût encore en vous un peu de cette disposition d'esprit, j'oserois gager, conoissant votre droiture, que vous voilà déjà désabusé. Aussi n'est-ce presque pas pour vous, mais plutôt contre les incrédules qui pouroient dans la suite changer de bateries, que je vous enverrai la premiere fois l'autre preuve plus positive, afin que vous puissiez vous en servir en ce cas à leur fermer la bouche. Car j'avoue que celle-ci, toute excellente

qu'elle

qu'elle eſt, pouroit n'être pas ſufiſante contre ces gens-là, que leur mauvaiſe diſpoſition de cœur & d'eſprit
rend inſenſibles à l'énergie de certaines preuves, qui conſiſtent dans une
convenance heureuſe dont il faut ſe
laiſſer toucher. Telle eſt la nature des
démonſtrations les plus ſatisfeſantes de
notre ſainte religion: & nous ne devons pas nous étoner qu'ils les ſentent
ſi peu, ou qu'ils afectent de ne les pas
ſentir; cela revient au même.

LETTRE XII.

EUDOXE.

Que la maniere dont Jesus-christ a con-
dané le divorce emporte démonstrative-
ment avec soi cette conséquence, qu'il
regardoit la poligamie come un vérita-
ble adultere ; ensorte qu'en y fesant un
peu réflexion, l'on trouve qu'il a con-
dané le divorce à la vérité d'une fa-
çon plus directe que la poligamie, mais
la poligamie dans un sens plus absolu &
plus rigoureux que le divorce.

JE tire, Monsieur, la seconde preuve de mon premier article d'un passage que vous avez alégué vous-même.
C'est celui qui renferme l'abrogation du
divorce, le quel, come vous savez,
est répété en quatre ou cinq endroits
du nouveau testament. Faites-y bien
atention, vous alez voir que d'un même

me coup, il porte, non d'abrogation,
mais la deffense de la poligamie. Ou
pour parler avec un peu plus d'exactitude, (car il faut avouer que ce n'eſt pas
une deffense dans les formes,) pour
parler, dis-je, avec plus d'exactitude, vous alez voir que ce paſſage nous
aprend ce que Jeſus-chriſt penſe de la poligamie, & que ce qu'il en penſe, c'eſt
qu'il la regarde come un véritable adultere. Mais la penſée, la plus légere
intention même d'un pareil légiſlateur,
ayant force de loi parmi nous, il n'en
faut pas davantage pour que la choſe
ſoit décidée.

Celui qui renvoye ſa femme, ET QUI
EN ÉPOUSE UNE AUTRE, *comet adultere*, ſelon la doctrine de Jeſus-chriſt.
Donc celui-là s'en rendroit bien plus
coupable, qui épouſeroit une ſeconde
femme ſans ſe ſéparer de la premiere.
Voi-

Voilà ma thefe, & je foutiens que la conféquence eft légitime.

D'abord remarquez-vous cette expreffion, *fa femme*, & celle-ci, *en époufe une autre*? De pareils tours, conformément à ma précédente preuve, fupofent affez, fi je ne me trompe, que celui qui parle, entend déjà, & prétend bien, qu'un home ne peut pas être dans le cas d'avoir plus d'une feule femme à la fois. N'eft-il pas vrai? Ceci foit dit en paffant; ce n'eft pas à fi peu de chofe que je veux m'arêter ici. Alons plus loin.

En quoi confifte, dans le cas du divorce, Monfieur, l'adultere dont un home fe rend coupable? Il feroit bien abfurde de s'imaginer, qu'il ne vient que de ce que cet home renvoye la premiere femme, & non de ce qu'il en époufe une feconde. Aucontraire

les

les paroles font formelles : l'adultere ne
vient que de ce qu'il en époufe une feconde; *Celui qui renvoye fa femme, &*
qui en époufe une autre. S'il la renvoyoit
fans intention de fe remarier, & fi de
fon côté elle ne fe remarioit pas non
plus, ils n'auroient d'autre crime, l'un
& l'autre, que celui de leur fcandaleu-
fe diffenfion : cela eft clair. S'il n'y
avoit que la femme qui fe remariât,
mais du confentement de fon premier
mari, il n'y auroit qu'elle, & celui qui
l'épouferoit, qui comettroient adultere.
Seulement celui qui l'auroit répudiée,
en étant la caufe, auroit, come de raifon, ce reproche fur fa confience. Jefus-chrift l'a décidé, chapitre 5. de St.
Mathieu, verfet 31, où il eft fort à
obferver, que ce divin légiflateur, ne
dit point alors que le premier mari fe
rende coupable d'adultere. Il fe contente

tente de dire qu'il en rend sa femme coupable. *Celui qui répudie sa femme, si ce n'est pour cause d'infidélité,* LA FAIT DEVENIR *adultere; & celui qui épouse la femme répudiée,* COMET *adultere.* Vous voyez qu'en cet endroit, il n'est point imputé d'autre crime à l'auteur du divorce, que d'avoir ocasioné le crime des autres. C'est qu'ici la circonstance, *qu'il ait pris une seconde femme,* n'est point ajoutée, come elle l'est chapitre 19 du même St. Mathieu, verset 9, aussi-bien que chapitre 10 de St. Marc, verset 11, & chapitre 16 de St. Luc, verset 18. Dans chacun de ces trois endroits, la peine infamante de l'adultere est lancée contre quiconque s'autorisera d'un divorce avec une premiere femme, pour en épouser une seconde. Les paroles sont formelles, vous dis-je; *Celui qui renvoye sa fem-*

me, ET QUI EN ÉPOUSE UNE AU-
TRE, *comet adultere.* St. Marc ajouté même, *comet adultere envers elle*, envers cette premiere femme. Cependant il est sûr que si quelque chose é-
toit capable de disculper un mari infidele, ce ne pouroit être que la précaution pleine d'équité, qu'il pren-
droit d'abord de se séparer de sa premiere femme, & de lui remettre ses
droits, avec la liberté de se choisir un
autre époux. Mais point : malgré-mê-
me cette précaution, Jesus-christ dé-
cerne dans ce cas la peine de l'adultere. A plus forte raison la décerneroit-
il, Monsieur, si cet home osoit prendre une seconde femme, & ne laissoit
pas de tenir la premiere dans la même
contrainte, par une injuste tiranie ; s'il
ne laissoit pas d'exiger d'elle la même
fidélité, les mêmes devoirs, en pré-
ten-

tendant qu'elle ne fe confidere pas moins come fon époufe.

Ainfi, prenons-y bien garde, la deffenfe énoncée dans le paſſage que nous examinons, préfente, il eſt vrai, plus directement le divorce à la penfée, mais elle tombe plus expreſſément fur la poligamie. Le divorce n'y eſt pas à la rigueur condané come divorce, c'eſt-à-dire, entant qu'une fimple féparation; il n'y eſt condané que come dégénérant en poligamie par le nouveau mariage qui lui fuccede. En effet, Monfieur, le divorce, quand il s'enfuit un fecond mariage, n'eſt qu'une efpece de poligamie: il en réfulte également la pluralité des femmes, puifque quand un home a fait divorce avec trois ou quatre femmes l'une après l'autre, il fe trouve réellement vrai de dire qu'il a trois ou quatre femmes à la fois.

fois. L'unique diférence à son égard, c'est qu'il n'habite pas avec toutes ensemble; mais le cas est à-peu-près le même, que si demeurant avec lui, il n'y en eût qu'une qui fût en faveur, & que les autres fussent négligées. Ou si l'on veut y rechercher une diférence plus essentielle, elle sera toute au désavantage de la poligamie, qui est sans comparaison plus injuste dans son principe, & plus pernicieuse dans ses suites, ainsi que je me flate fort de vous en convaincre tôt ou tard.

Et ne croyez pas, je vous prie, que ce ne soit la qu'une pure subtilité. Pésez bien la chose; vous n'aurez pas de peine à reconoître, qu'elle a une profondeur de sens qu'on n'y soupçoneroit pas, je l'avoue, au premier coup d'œil. Pésez surtout bien ce point-ci, Monsieur: je ne crois pas qu'il y ait

au monde, home capable de le contef-
ter. C'eft que je dis qu'un légiflateur
qui regarde come un adultere d'époufer
une feconde femme, la premiere é-
tant renvoyée, & qui met le crime,
non précifément dans la féparation
d'avec la premiere, mais dans l'union
avec la feconde, doit parconféquent
regarder come un adultere bien plus
énorme, d'époufer enfemble deux ou
plufieurs femmes, & de fe partager
entr'elles en les poffédant toutes à la
fois. Je dis en un mot, que deffendre le divorce fous peine d'adultere,
quand il s'en fuit un fecond mariage,
c'eft éminemment condaner la poligamie. Auffi ne voyons-nous pas qu'en
quelque lieu que la poligamie foit permife, le divorce foit deffendu. Hélas
bien loin qu'il le foit, bien loin qu'un
home n'y ait pas une entiere liberté

de

de répudier telle de fes femmes qu'il lui plaît; il lui eft permis de fe deffaire de toutes celles qu'il a, de les mettre en vente, de les prêter, de les troquer, de les maltraiter, de les égorger, s'il lui en vient la fantaifie; & c'eft ce qui ne fe pratique que trop fréquemment, à la honte de l'humanité, dans prefque tous les pays du monde où cet admirable ufage a pris racine.

Mais quand je dis, Monfieur, que deffendre le divorce fous peine d'adultere, c'eft deffendre éminemment la poligamie, n'alez pas me répliquer, que cependant permettre le divorce, n'eft pas permettre la poligamie, puifque le premier de ces deux ufages étoit permis à Rome & que le fecond ne l'étoit pas. Ce feroit une bien foible dificulté contre ma propofition,

que

que de faire voir qu'une de ſes inverſes n'eſt pas fondée. Vous ſavez qu'il
y a beaucoup de propoſitions très véritables, dont les inverſes ne laiſſent
pas d'être fauſſes. Et puis c'eſt que
cette propoſition, *permettre le divorce,
c'eſt permettre la poligamie*, n'eſt pas ré-
ciproque de la mienne : car je ne dis
pas ſeulement, que *deffendre le divorce,
c'eſt deffendre la poligamie* ; mais je dis,
que *deffendre le divorce come un adultere, en cas qu'il s'en ſuive un ſecond mariage, c'eſt deffendre la poligamie*. Enſorte que, je vous le répete, & je ne
puis trop vous le répéter, toute la force de mon raiſonement conſiſte en ceci, que Jeſus - chriſt condanant come un adultere, *d'épouſer une ſeconde
femme après avoir renvoyé la premiere,*
c'eſt une preuve que ſans contredit il
enviſage ſur le même pied, *de garder*

ſa

ſa premiere femme & d'en épouſer une ſe-
conde, puiſque la circonſtance de renvoyer la premiere, bien loin d'agraver
l'injuſtice du mari, ne fait que la diminuer par mille raiſons qu'il eſt facile d'apercevoir ; telle entr'autres celle-
ci que j'ai déjà touchée, que le divorce au moins laiſſe une malheureuſe femme maitreſſe de ſon fort, maitreſſe de
diſpoſer de ſon cœur, & de chercher
un azile entre les bras d'un mari moins
infidele.

Il y a encore une autre chicane que
je dois prévenir. De ce qu'il m'eſt é-
chapé de dire en paſſant, que le divorce eſt une eſpece de poligamie, on
auroit tort de prétendre, que puiſque
je conviens que le divorce étoit permis
dans l'ancienne loi, il me faut donc a-
vouer que la poligamie l'étoit auſſi. Tout
ce qu'on en pourroit conclure, c'eſt

que

que cette efpece de poligamie qu'on apelle divorce, y étoit permife; ce qui n'eft pas notre queftion: il s'agit entre nous de la poligamie proprement dite. Mais d'un autre côté, il eft vifible que cette chicane retomberoit dans la premiere. Or encore un coup, quoique cette conféquence foit jufte, *Tel légiflateur deffend le divorce come adultere, en cas qu'il s'enfuive un fecond mariage; donc il doit deffendre en général toute poligamie;* cependant cette autre conféquence n'eft pas vraie, *Tel légiflateur permet le divorce, donc il doit permettre la poligamie;* furtout s'il n'acorde la liberté du divorce, qu'avec des reftrictions pleines de fageffe & de prudence, & dans un petit nombre de cas fort rares, dans un feul cas même, à parler jufte, & pour obvier à de plus grands inconvéniens,

Je

Je suis donc perſuadé, Monſieur, que toutes perſones ſinceres qui voudront péſer cette ſeconde preuve à part, ou qui la compareront avec la précédente pour les réunir toutes deux enſemble, conviendront, que c'eſt un fait que la doctrine de l'évangile condane la pluralité des femmes, d'une maniere, qui pour être indirecte n'en eſt pas moins hors de toute conteſtation. Je regarde cette vérité come plus que ſufiſament établie par la double preuve que j'ai donée. Je pourois peut-être bien encore, pour l'apuyer, s'il étoit néceſſaire, faire quelques petites réflexions ſur ce que Jeſus-chriſt décide au même endroit, de l'home & de la femme, *que les deux ne font plus qu'une même chair.* Mais je crois que tout ce que j'ai prouvé doit plûtôt fixer le ſens rigoureux de ces paroles, qu'elles n'y

N 4

peu-

peuvent ajouter aucun nouveau dégré d'évidence, vû que les théologiens partifans de la poligamie ont fait
bien des chicanes à leur fujet. Pour
vous, je ne vous reproche point de
n'en avoir rien dit ; c'eft aparamént
que vous n'y avez pas même penfé, &
c'eft ce qui pouvoit vous ariver de plus
heureux. Aurefte come ces paroles
font citées de l'ancien teftament, nous
pouvons les regarder come n'aparte-
nant point au nouveau. C'eft auffi
pour mon troifieme article que j'ai deffein d'en faire ufage, dans une ocafion,
où je ne fais fi elles ferviront davantage à l'éclairciffement de la matiere, que la matiere elle-même ne
contribura à leur doner tout le jour
& toute la force imaginable.

Pour le préfent donc, Monfieur, il
ne me refte plus qu'à réfoudre cette
pe-

petite dificulté, que le paſſage de l'é-
pître à Timothée fait peut-être encore
dans votre eſprit. Ce ne ſera, s'il vous
plaît, que pour dans quelques jours.
L'ordinaire prochain il ne me ſera pas
poſſible d'avoir l'honeur de vous é-
crire.

LETTRE XIII.

ARISTE.

Il reconoit la solidité des démonstrations précédentes ; il s'avoue convaincu, & pour en doner une preuve à son ami il acheve lui-même la ruine de sa fausse hipothese, en recherchant la véritable interprétation de ce passage de l'épître à Timothée, dont il avoit fait un si grand usage pour l'établir.

MOn sistême est renversé, Monsieur : je suis pleinement convaincu, que ce n'est pas sans raison que toutes les sectes chrétiennes s'acordent à rejetter la poligamie. Chacune de vos deux preuves me paroit décisive, même prise à part; & leur union met le comble à l'évidence. Je ne suis embarassé que d'une chose; c'est que je crains bien, quoique vous en di-

difiez, que la premiere ne me ferve
un jour de principe contre vous-même, quand vous voudrez prouver que
l'ancien teftament ne fupofe pas la permiffion de la poligamie. Mais ne par-
lons point encore de cela : ne déran-
geons point l'ordre que vous vous êtes
prefcrit : hâtez-vous de paffer aux preuves de votre fecond article, & de venir au troifieme où je vous atens avec
bien de l'impatience. Afin que vous
y paffiez plus vîte, & pour vous épargner la peine de rien ajouter en confirmation du premier, je vous avertis,
Monfieur, que je m'en charge. Je
fuis bien aife auffi de vous faire voir
par là, jufqu'à quel point vous m'avez
perfuadé. N'ayant rien à faire contre
vous, que puis-je faire de mieux que
de combatre avec vous, & d'achever
de concert la ruine de ce bel édifice

de

de mon imagination ? Voyons donc,
fi j'aurai le plaifir au moins, d'avoir
rencontré jufte, ce que vous auriez a-
légué, ou à-peu-près, contre les conféquences, que je tirois du paffage de
l'épître à Timothée.

Vous êtes convenu dans votre premiere lettre, que tout ce que j'avan-
çois fur ce fujet étoit raifonable, fi ce
n'eft que ce paffage comporte un autre
fens que celui que je lui donois. Vous
m'avez dit depuis dans votre feconde,
que vous êtiez étoné que je n'euffe point
conu cette interprétation plus naturelle, dont ce paffage eft fufceptible, vû
qu'elle lui eft atribuée par un grand nombre de théologiens. Je l'ai cherchée,
Monfieur, cette interprétation. C'eft
aparemment celle qui eft comune à tous
les catholiques, & qui n'a été adop-
tée que par fort peu de théologiens pro-
tef-

teſtans. Selon les premiers, *Mari d'u-*
ne ſeule femme, ne ſignifie autre choſe
qu'un home qui n'a point convolé en
ſecondes nôces: y ſuis-je? Cette explication eſt en effet fort naturelle; &
je ne vois pas pourquoi le plus grand
nombre des réformés ſe fait une peine
de l'admettre, ni pourquoi ils veulent
tous, ou preſque tous, par ces paroles, entendre un home qui n'ait point
eu, ou qui n'ait point actuellement,
pluſieurs femmes ou concubines.

C'eſt cela qui m'avoit trompé. Dans
l'idée où j'étois que la poligamie n'étoit
point deffendue dans le nouveau teſtament, je ne trouvois point de dificulté
que St. Paul eût cependant recomandé aux évêques & aux prêtres, de s'en
abſtenir, come les ſouverains pontifes
s'en abſtenoient chez les juifs pour une
plus grande perfection, uniquement
rela-

relative à leur état. Car du reste j'ai très-bien prouvé, & c'est là-dessus sans doute que tombe votre aprobation, j'ai très bien prouvé, que ce qui est recomandé par ce précepte, *Que l'évêque soit irrépréhensible, mari d'une seule femme &c*, ne peut être qu'un degré plus éminent de perfection, & non la fuite d'un crime aussi infâme que l'adultere. Or puisqu'il est démontré à l'heure qu'il est, Monsieur, graces à vos soins, que la doctrine de Jesus-christ condane la poligamie come telle, tout ce que j'ai dit sur ce sujet, dans ma troisieme lettre, détermine à ne pouvoir plus entendre par ces paroles, *Mari d'une seule femme*, un home qui n'a, ni n'a eu, plusieurs femmes à la fois. On ne peut pas non plus, par la même raison, y voir l'exclusion de quiconque auroit fait un

di-

divorce injuſte avec ſa femme. L'un & l'autre cas eſt également conſidéré, par notre divin Maître, ſur le pied de l'adultere. Il reſte donc que cela ſignifie, que l'évêque ne devra point convoler en ſecondes nôces, & qu'on ne poura choiſir pour l'épiſcopat qu'un home qui ne ſe fera marié qu'une fois. Ainſi les catholiques, à ce qu'il me ſemble, ne ſont pas mal fondés ſur ce point de diſcipline, de n'admettre plus aux ordres un home, quoique veuf, qui ſe feroit marié deux fois. Ils ne ſe trompent qu'en ce qu'ils exigent auſſi, que le ſujet ne ſoit pas actuellement marié. Mais pluſieurs égliſes du rite grec, come je crois l'avoir lu quelque part, ſont plus conformes à l'uſage que preſcrit St. Paul, puiſqu'elles permettent à leurs prêtres de prendre femmes, &

ne

ne leur interdifent que les feconds mariages conféquemment à ce précepte de l'apôtre.

Une chofe confirme encore, Monfieur, cette interprétation ; c'eft ce que St. Paul prefcrit en un autre endroit, (a) à l'égard de l'ordination des diaconeffes. Il veut qu'on ne puiffe choifir qu'une veuve, qui n'ait été *Femme que d'un feul mari.* Il n'y a pas de doute que cela ne peut fignifier qu'une femme, qui n'a point convolé en fecondes nôces après la mort d'un premier époux. Car il feroit bien abfurde de s'imaginer, que l'apôtre exclut les femmes qui auroient eu plufieurs maris à la fois, puifque cette pluralité de maris n'a point été ufitée dans les tems & dans les lieux où il écrivoit ; qu'à peine

(a) I. Epître à Timothée ch. 5. v. 9.

ne même l'a-t-elle été en aucun lieu de la terre conue, si ce n'est parmi des peuples très barbares. Mais ces deux expressions, *femme d'un seul mari*, & *mari d'une seule femme*, étant toutes paraleles, pourquoi feroit-on dificulté de doner à l'une précisément la même signification, que la nécessité nous oblige de doner à l'autre? En bone foi, c'est ce que je ne conçois point.

Je reconois donc qu'il est tout-à-fait insoutenable, que cette expression, *mari d'une seule femme*, dans l'épître à Timothée, puisse avoir quelque raport à la poligamie. Ainsi elle ne doit servir en aucune maniere, à montrer que cet usage pût encore être légitimement pratiqué, du tems de St. Paul, par le comun des fideles, come j'avois cru pouvoir le démontrer. Aurefte cela vous fufit: & qu'on s'obftine, si l'on

Tom. I. O veut

veut, à trouver dans ces paroles, l'exclusion de ceux qui auroient rompu par le divorce les liens d'un premier mariage ; votre premier paradoxe, que j'apellerai dorénavant une vérité, n'en est pas moins solidement établi.

Courage, Monsieur ! Puissai-je avoir à vous féliciter de même sur les deux autres ! Je ne regreterai jamais ce sistême que vous m'avez si rapidement enlevé, à moins que la même main qui l'a détruit, ne vienne à se trouver en deffaut, quand il faudra parer aux inconvéniens pour les quels je l'avois imaginé. Mais je tremble toujours pour le troisième article, à ne vous rien dissimuler : d'autant plus qu'à mesure que j'y fais réflexion, je me convainc que les conséquences seront terribles, si vous n'avez pas le bonheur d'y réuffir, après que vous ferez parvenu, come vous vous y préparez, Monfieur, à nous peindre la poligamie fous les couleurs les plus odieufes.

Premiere preuve contre la poligamie, tirée de l'égalité de nombre qui se trouve entre les deux sexes ; d'où l'on fait voir, 1°. l'une des plus grandes injustices de cet usage, même à l'égard des homes, 2°. le tort qu'il fait à la propagation, bien loin de lui être aussi favorable qu'on se l'imagine.

PUISQUE vous êtes satisfait, Monsieur, sur le premier article, au point d'en achever vous-même l'entier éclaircissement, passons au second, & voyons à vous démontrer que la poligamie est un usage injuste, déraisonable, contraire aux intentions de la nature, contraire à la propagation, un usage, qui blesse également les deux sexes dans leurs droits les plus légitimes, & qui entraîne après soi une in-

finité

finité de défordres & de conféquences funeftes, tant dans l'intérieur des familles, que dans le corps même de la fociété. Voyons à vous démontrer dans le détail ces vérités : car ce font-là, Monfieur, des vérités toutes pures, fans hiperbole, & fans exagération, ainfi que je me flate que vous en conviendrez bientôt. J'ai pour garant de mon fuccès la droiture de votre cœur, qui ne peut manquer d'agir, maintenant qu'une partie du pieux obftacle, qui en arêtoit l'influence, a difparu. Mais j'ofe me promettre encore de plus dificiles triomphes ; & je regarde, pour tout dire, les démonftrations que je vous prépare, come capables de pouffer à bout toute la mauvaife foi, & toutes les vaines fubtilités des incrédules.

Je tire ma première preuve, de la

con-

confidération de cette finguliere égalité de nombre, qu'il a plu à l'auteur de la nature, ou pour parler comé les efprits forts ; à la nature elle-même, de mettre & de conferver conftamet entre les deux fexes. Cette égalité eft certes déjà bien peu favorable aux idées qu'on fe forme de la poligamie: mais ce qu'il y a de pis, c'eft qu'elle n'eft pas parfaite, & que s'il y a quelque excès d'un côté, c'eft plûtôt de celui des homes, comé on s'en eft convaincu par cette obfervation, dont la certitude eft hors de toute ateinte.

Vous faurez, Monfieur : (car je ne crois pas que vous le fachiez ; * en ce cas vous auriez grand tort, d'être dans les fentimens où vous êtes à l'égard

* Cela s'écrivoit il y a fix ans, que divers buyrages n'avoient point encore rendu ce fait auffi notoire.

gard de la poligamie :) vous saurez
donc, que depuis qu'on s'est rendu a-
tentif, aux progrès réguliers de la multiplication de l'espece, on a découvert
qu'il naissoit constament, toujours selon la même proportion, plus d'homes que de femmes, & cela dans le raport de *treize* à *douze*, à-peu-près ; c'est
à dire que sur vingt-cinq enfans qui
naissent, il est presque généralement
vrai qu'il s'en trouve treize de garçons
sur douze de filles. Cette observation
a été faite & réitérée, depuis plusieurs
anées, en France, en Angleterre, en
Alemagne, & en plusieurs autres pays
de l'Europe ; & partout, le nombre des
femmes s'est toujours vérifié moindre
que celui des homes. La seule variété
qui se soit rencontrée dans cette observation, c'est que le raport du nombre
des homes à celui des femmes, s'est

O 4

trou-

trouvé quelquefois un peu plus petit que celui de treize à douze, & quelquefois un peu plus grand ; ce qui fait qu'on a jugé à propos de s'en tenir à celui-là, come mitoyen entre les autres. Quoiqu'il en soit, il résulte ceci de l'observation, qu'il est certain que le nombre des enfans mâles qui naissent, est plus grand que celui des enfans de l'autre sexe, & que c'est faire grace aux partisans de la poligamie, que de le suposer égal (*a*).

Or maintenant, Monsieur, s'il est de droit naturel que tous les homes

puis-

(*a*) On a prétendu qu'il n'en est pas de même en Asie, & qu'il y naît assez généralement moins d'homes que de femmes; ce qui rend, à ce qu'on ajoute, la poligamie nécessaire en ces climats. Mais en bone foi sur quelle autorité le prétend-on ? Est-ce sur celle de voyageurs, qui quand ils ne seroient pas aussi distraits & inatentifs qu'ils ont coutume de l'être

tre

puiſſent prétendre au mariage , pour
ſe multiplier & ſe faire revivre en quelque

tre pour la plûpart , n'ont d'ailleurs aucun
moyen de s'aſſurer du fait ? Tient-on à Con-
ſtantinople, à Iſpahan, à Siam, des regiſtres
exacts de tout ce qui naît d'enfans de l'un ou
de l'autre ſexe ? S'y trouve-t-il beaucoup de
gens curieux de ſuivre les procédés de la nature par des obſervations réitérées ? Y voit-
on des ſociétés ſavantes, qui veillent ſur le
travail des obſervateurs, & qui en conſtatent
les réſultats par le ſoin qu'elles prennent à le
vérifier ? Ces ſociétés entretiennent-elles des
correſpondances, les unes avec les autres, de
toutes les contrées de l'Aſie ? Nos voyageurs
ont-ils eu communication de leurs actes, regiſtres, mémoires, come l'on voudra ? Et
quels ſont-ils, enfin ces voyageurs, dont l'autorité doive être d'un ſi grand poids ? Il eſt
donc bien étonant, de voir avancer, avec ce
ſang froid, que s'il naît plus d'homes que de
femmes dans notre Europe, c'eſt tout le contraire en Aſie, & que c'eſt ce qui y rend l'uſage
de la poligamie indiſpenſable. Pour le ſavoir avec quelque certitude, il ne faudroit

O 5

gueres

que forte dans leur poftérité, & que cela foit encore à peine poffible, en

fupo-

gueres moins que le concours des circonftances dont on vient de parler. Au milieu de tous des fecours & de toutes les lumieres qui nous environent, combien peu de perfones parmi nous, de perfones même très éclairées, font inftruites à l'heure qu'il eft, ou du moins l'étoient il n'y a encore que quelques anées, de l'obfervation dont il s'agit? Qu'on fe perfuade après cela, que les barbares de toute l'Afie en ayent fait une pareille, & que fe l'étant foigneufement comuniquée, elle foit devenue fi notoire parmi eux, que nous ayons pu en aprendre de fûres nouvelles par le canal infaillible des voyageurs. C'eft ce qui a bien befoin en vérité, qu'on fe done la peine d'en produire de meilleures preuves.

D'un autre côte cette idée eft-elle bien conforme à la faine phifique? On conçoit qu'un climat peut rendre les meres plus ou moins fécondes. Mais conçoit-on de même qu'il puiffe déterminer à naître plus ou moins de mâles ou de femelles? Ceci eft toute autre chofe. Et puis oferoit-on dire que cette prétendue

fupofant que chaque home ne prend
qu'une feule femme; combien ne doit-
il

tendue fupériorité du nombre des femmes a-
fiatiques fur celui des homes, foit à un point
fort confidérable; qu'elle aille par exemple,
au triple, ou au double, ou feulement même
à un tiers, à un quart, ou à un cinquieme
en fus? En aucune façon. On fait par quelles reffources la poligamie fe maintient dans
les grandes villes d'Afie. C'eft par la multitude des homes qui ne fe marient point; c'eft
par la quantité prodigieufe de ceux qu'on y
dégrade indignement de l'humanité en les fefant eunuques; c'eft par les achats & les en-
lévemens perpétuels, qui épuifent l'une après
l'autre diverfes provinces. Tout cela fera
traité au long dans les lettres fuivantes. On
y difcutera auffi quelle eft l'utilité de ce petit
excès, que des obfervations très fûres nous
montrent dans le nombre des enfans mâles,
& l'on verra qu'il ne fert qu'à l'entretien d'une
parfaite égalité entre les deux fexes. Enforte que dans toutes les conjonctures dont nous
avons une entiere conoiffance, nous la re-
trouvons, conftament, cette égalité, dans les
difpo-

il pas être contraire à la juſtice, &
aux intentions de la nature, qu'un ſeul
home oſe en épouſer pluſieurs à la fois,
puiſqu'autant il en épouſe au deſſus d'u-
ne ſeule, autant d'autres homes demeurent néceſſairement bleſſés dans un
de leurs droits les plus légitimes, pour
ne pas dire, les plus eſſentiels & les
plus ſaints?

Si par exemple un home poſſede
vingt femmes à lui ſeul, il eſt évident
que deſlors dix-neuf homes ſeront contraints de vivre dans le célibat. Cela
eſt-il dans l'ordre? Oui, me réplique-

rez-

diſpoſitions de la ſageſſe divine, avec un deſſein & une atention marquée. Egalité, au
tems de la création; égalité, à celui du déluge; égalité, dans le ſiécle où nous vivons.
C'eſt toujours le même principe, le même but,
& ce ſera le ſujet d'importantes réflexions
dans ce qui ſuivra.

*Cette longue note n'eſt point d'*EUDOXE.

rez-vous peut-être : autant pour le
moins qu'il l'eſt qu'un home poſſede
dix mille arpens de terre, tandis qu'un
autre n'en a pas un pouce, ni choſe
quelconque qui puiſſe fournir à ſa
ſubſiſtance. Un moment, s'il vous
plaît, j'eſpere vous faire voir, Monſieur, qu'il y a ici une extrême diſ-
parité.

Je ne rebatrai point, je vous aſſure,
les lieux comuns, bons ou mauvais,
batus & rebatus tant de fois, ſur les a-
vantages que la ſociété retire de l'inégalité des conditions. J'en ſupoſerai
ſeulement avec vous ce qu'il y a de
plus raiſonable. Ainſi nous comence-
rons par écarter de notre vue ces conditions afreuſes, où la miſere la plus
complette, jointe à de continuelles in-
firmités, & à l'impoſſibilité de s'aider
d'aucun travail, réduit des malheureux

à périr dans les langueurs de la famine. Ce font des affaffinats dans les regles, dont le public, & les particuliers qui en ont conoiffance, fe rendent coupables devant Dieu & devant les homes: & ce n'eft pas de pareilles horreurs, dont vous voudriez vous autorifer fans doute, come n'y trouvant rien, qui bleffe, le moins du monde, l'humanité, le bon fens & la juftice.

Tenons-nous en donc, Monfieur, à une difproportion de fortunes, qui, quelque grande qu'elle foit, n'ofenfe, ni ne révolte point la nature. A ce riche qui poffede dix mille arpens de terre, ou un empire, fi vous voulez, opofons ce ruftre, à qui un demi arpent, ou même, au deffaut de fonds, à qui la fueur de fon corps ne procure que le fimple néceffaire, & rien de plus. Non, il n'y a rien ici qui ne foit dans

l'ordre

l'ordre de l'equité la plus exacte, vû
la connection qu'a cet arangement des
chofes avec le train de la fociété dont
il devient le premier mobile, & les
effets merveilleux qui en réfultent. Il
eft nouri, ce ruftre. Il eft vétu. Il
eft dans l'heureufe obligation d'un travail journalier, fource de mille vrais
biens. La nature eft fatisfaite, ou doit
l'être. Loin qu'il foit à plaindre, que
fon fort eft digne d'envie, déchargé
qu'il eft de ces fuperfluités acablantes,
en échange des quelles il a reçu la fan-
té, la force, la paix, l'inocence! Que
l'on remette en partage toutes les terres qui couvrent la furface de notre
globe; que l'on y remette tous les tréfors qu'il renferme dans fon fein: celui de nous, qui n'en recevra que ce
qu'exigent fes befoins, n'aura qu'à fe
louer, s'il eft fage, du lot qui lui eft
échu,

échu, & laiſſer les plaintes & les mur-
mures, à celui-là ſeul qu'on en aura
chargé beaucoup au delà.

Changeons maintenant d'objets,
Monſieur. Aulieu d'une diſtribution
de terres, ou de métaux plus vils qu'elles, repréſentons-nous la ſociété des
homes, prête à ſe partager des richeſ-
ſes fort ſupérieures, en un mot, &
pour tout dire, ſur le point de ſe dif-
tribuer entr'eux ce ſexe aimable, vers
lequel un penchant inſéparable de notre être, pouſſe chacun de nous avec
une ſi douce violence. Ici le nombre des
choſes à poſſéder n'eſt qu'à-peu-près
égal à celui des poſſeſſeurs. Je ne
mettrai point en conſidération pour le
préſent, que ces tréſors, qui ſe ſentent bien dignes de remplir toute la ca-
pacité d'un cœur, ne craignent rien
tant que de n'en oçuper qu'une portion
reſ-

restreinte & limitée.   C'est une réflexion qui trouvera sa place ailleurs. Je
me borne à l'heure qu'il est, au droit
inviolable que chaque home a dans le
partage qui va se faire.

Reprenons le cas indiqué ci-deffus,
dans le quel vous ne vouliez voir, ni
injustice, ni défordre.   Un home s'ar-
rogé vingt femmes à lui feul, & contraint dix-neuf autres homes à demeurer dans le célibat.   Quoi, Monfieur,
vous, la droiture & l'humanité-même,
vous refuferiez plus lontems de reconoître l'injure qui eft faite à chacun
d'eux! Le pauvre apaife les cris de fon
eftomac, & fe deffend des injures de
l'air, auffi-bien, & à moins de frais
que le riche voluptueux. Mais quels
moyens refte-t-il à ces dix-neuf homes
de fatisfaire l'inftinct preffant de la nature? Sont-ils moins folicités par les

aiguillons du tempérament? Sont-ils
moins dévorés par des feux, qui d'abord légitimes ne tarderont pas à devenir monstrueux, & à se tourner en
une forte de rage & de fureur? Ont-
ils moins un cœur sensible, qui les porte à s'unir chacun à cet autre lui-même, que la bone mere comune lui destinoit? Ont-ils moins besoin, Mon
cher Ami, d'une douce compagne,
soulagement de leurs travaux? Vous
n'ignorez pas ce que décidoit la sagesse divine dès l'origine des siecles: *Il
n'est pas à propos que l'home soit seul.* Ah,
si parmi les charmes d'un séjour délicieux, Adam, Adam parfait, ne pouvoit être entiérement heureux, sans
une aide & une compagne semblable à lui,
combien cette consolation est-elle plus
nécessaire à chacun de nous, dans cette valée de larmes où nous traînons

une

une misérable vie! Enfin un home a-
t-il moins qu'un autre le défir de revivre dans des enfans, & de fe procurer par eux un apui de fa vieilleffe?
Ce défir eft-il criminel, ou feulement
même vicieux? Eft-ce une paffion déraifonable, effrénée, come celle qui
nous fait convoîter un mets recher-
ché, quand un aliment fimple eft fous
notre main, & un habit tiffu d'or ou
de foye, quand une étofe groffiere
nous deffend de refte de l'intempérie
des faifons? Eft-ce un déréglement de
la nature, que ce défir, ou fi c'en eft
aucontraire l'intention la plus marquée?

Concluons donc que tout home a un
droit effentiel de prétendre au mariage, auffibien que quelque autre home
que ce foit; concluons que c'eft-là un
des droits les plus facrés de l'humani-

té;

té; que cependant la poligamie le blesse, ce droit, de la maniere la plus directe; & que par conséquent, c'en est plus qu'il n'en faut, pour la faire rejetter, de tout état, qui se pique tant soit peu d'être régi par des loix équitables & judicieuses.

Mais si par ce seul endroit, j'ai déjà convaincu la poligamie d'injustice envers les particuliers, il ne m'est pas moins facile de faire voir par le même moyen, combien elle est préjudiciable à la société toute entiere; il ne m'est pas moins facile, Monsieur, de renverser ce préjugé, dans le quel vous êtes avec tant d'autres, que cet usage est capable de contribuer extrêmement à la multiplication des homes. On ne pense de la sorte, que quand on ne considere la chose qu'en gros, & d'un coup d'œil superficiel. Dès

qu'on

qu'on y fixe les yeux, cette grande idée n'eſt plus qu'un fantôme qui s'évanouit au moment-même.

Certainement, dit-on, un home aura plus d'enfans avec vingt femmes qu'avec une ſeule. Eh oui, il n'y a pas de doute à cela. Mais où les prend-il, ces vingt femmes? S'il peut ſe les procurer ſans faire tort à perſone, je n'y mets plus d'obſtacle; mais cela n'eſt pas poſſible. Pour que cet home ait vingt femmes, il faut que dix-neuf autres homes, qui demeureront dans le célibat, ne contribuent point à la propagation. On doit donc convenir que l'avantage eſt déja nul, & que c'eſt ſans aucune ſorte de dédomagement à l'égard de la ſociété, que ces dix-neuf homes ſe trouvent bleſſés dans leur droit naturel, par l'abondance de l'autre. Mais il y a plus; c'eſt que cette injuſtice eſt en pure perte, & qu'elle eſt, je le répete, vraiment préjudicia- ble à la ſociété même. Pour qu'elle ne le fût pas, il faudroit que ce ſeul home pût avec ſes vingt femmes faire & entretenir autant d'enfans, que vingt homes avec une femme pour chacun d'eux. Or c'eſt ce qui n'eſt pas. Di- ſons mieux; c'eſt ce qui eſt contraire à l'expérience & au bon ſens. Vingt homes avec chacun leur femme, do- neront beaucoup plus d'enfans, & les entiendront beaucoup plus aiſément, qu'un home avec vingt femmes à lui ſeul. La multitude & la variété au- ront bientôt énervé les forces de cet home : il ne fera plus, que lan- guir au milieu de ſon nombreux ſé- rail, & ne tardera pas à devenir inca- pable de tirer d'une ſeule femme, le ſervice qu'on en peut atendre; bien

loin

loin qu'il puisse tirer de ses vingt femmes à la fois, tout le service qu'elles
rendroient entre les mains d'un pareil
nombre d'homes, selon l'intention de
la nature. Sans compter, Monsieur,
que l'amour mutuel qu'une femme &
un mari ont comunément l'un pour
l'autre, les rend bien plus propres à
concourir à la génération & à l'éducation de leurs enfans; bien plus propres, vous dis-je, que ne peut être un
home seul, dont l'amour & les facultés sont si fort partagés entre une multitude de rivales, qui vivent dans une
guerre déclarée les unes avec les autres.
Mais cette raison-ci est d'un autre ordre, & nous aurons ocasion de la traiter à part, dans la suite, avec toute
l'étendue qui lui convient.

Voilà, Monsieur, le premier tort
que la poligamie fait tant aux particu-

liers qu'à l'état. Remarquez en paſſant, je vous prie, une nouvelle diſpa-
rité, bien eſſentielle, entre l'inégalité
de la diſtribution des femmes, & celle
des fortunes, dont nous parlions tout
à l'heure. Celle-ci eſt le lien de la ſociété, le principe de la ſubordination,
le reſſort qui anime tout, qui met tout
en jeu & en action dans le monde moral. Sans elle tout y ſeroit mort, arts,
induſtrie, ſervices mutuels. L'autre
ne va qu'à dégrader le monde phiſi-
que, en anéantiſſant inſenſiblement les
générations, outre les maux ſans nombre qu'elle produit dans le moral, &
dont nous détaillerons les principaux
en tems & lieu.

C'eſt donc là ce prodigieux avantage de la poligamie, pour hâter la
propagation des homes. Je crois que
vous comencez dès ici, Monſieur, à
voir

voir que ma propofition n'étoit point
fi paradoxe, & que ce font, tout au
rebours, les hautes idées des partifans
de cet ufage, qui n'ont pas la moindre
aparence de fondement. Car il faudroit de deux chofes l'une, ou même
il faudroit ces deux chofes à la fois,
pour que la coutume des Orientaux fût
auffi utile, qu'elle eft en effet préjudiciable à la multiplication du genre humain. Il faudroit, & que le nombre
des femmes fût pour le moins double
de celui des homes, & que les homes
de leur coté fuffent en général, ou
doués de plus de vigueur qu'ils ne font,
ou capables de plus de modération au
milieu des plaifirs féduifans de la diverfité.

Ceci me conduit à une feconde confidération, qui n'eft pas moins puiffante que la premiere, pour mettre

dans tout son jour l'extrême injustice de la poligamie. C'est celle qui se tire du dégré de tempérament qu'il a plu à la nature de doner en partage aux deux sexes: ce sera, Monsieur, le sujet de la suivante.

LETTRE XV.

EUDOXE.

Seconde preuve contre la poligamie, tirée 1°. du dégré de tempérament naturel à chacun des deux sexes, 2°. des sentimens d'amour qu'un home exige d'une femme, soit qu'il n'en ait qu'une, soit qu'il en ait plusieurs.

Vous n'avez point répondu, Monsieur, à ma derniere lettre : je ne serois pas étoné que vous fussiez déjà satisfait, & que votre pénétration vous eût fait aler au devant de tout ce qu'il me reste à vous dire. Si ce n'étoit donc pour achever de remplir mes engagemens, je ne sais si je ne passerois pas à mon troisieme article, sans achever de traiter à fond celui-ci. Cependant come j'ai plusieurs

choses

chofes extrêmement importantes à toucher encore, & que vous pouriez bien ne les avoir pas rencontrées toutes, je vais continuer cette matiere jufqu'à nouveaux ordres; libre à vous de me faire paffer à l'autre, fi vous le jugez plus à propos.

Mais, Monfieur, ce fera bien à vous que je continurai toujours d'adreffer la parole; mais ce ne féra point, s'il vous plaît, contre vous que je ferai fupofé combatre. Ce fera contre les incrédules, & contre ces chrétiens qui n'ont pas honte de fe déclarer, come eux, partifans opiniâtres de la poligamie. Pour vous, votre méprife paffagere ne tire point à conféquence, & je croirois vous faire injure, de vous foupçoner encore dans un fentiment, où l'efprit & le cœur font également en deffaut.

La

La preuve que je vais déduire ici, Monsieur, est si considérable, qu'il me semble bien étrange que les partisans de la poligamie y ayent fait si peu d'atention, rien n'étant plus propre à faire toucher au doigt à quel point cet usage est injuste, & disproportioné aux intentions de la nature. Cette preuve est d'une telle force, que j'oserois bien défier nos beaux-esprits d'entreprendre seulement d'y répondre; ou s'ils en vouloient faire l'essai, quand même ils se réuniroient tous pour le tenter, je puis assurer qu'ils n'en viendroient point à bout. Il est vrai qu'elle pouroit leur doner ocasion de débiter quelques indécentes railleries, à quoi la plûpart d'entr'eux n'ont dans le siecle où nous somes, que de trop heureuses dispositions. Mais j'espere qu'ils auroient soin de

s'en

s'en abſtenir pour peu qu'ils vouluſſent
agir en gens d'honeur, & non d'une
maniere indigne de toute recherche ſé-
rieuſe & philoſophique.

Cette preuve démonſtrative, ainſi
que je vous en ai prévenu dans ma
derniere, ſe tire de la conſidération
du dégré de tempérament qu'il a plu
à la nature de départir aux deux ſexes,
& de ce plaiſir ſi ſenſible dont elle les
a rendu ſuſceptibles dans leur union.
Soit que nous conſidérions ce plaiſir
dans les apétits charnels du corps,
ſoit que nous l'enviſagions dans la part
que l'ame y prend elle-même, on ne
peut s'empêcher d'y reconoître un
deſſein marqué de cette ſageſſe infinie
qui nous a formés ; mais on ne peut
douter auſſi qu'une pareille ſageſſe n'a
pu ſe prêter à cette inſtitution, que
pour des raiſons tout à fait dignes d'elle,

le, & non dans la vue de nous procurer des voluptés brutales, trop au-
deſſous de l'excellence de notre être.
Son plan général, come vous ſavez,
Monſieur, & come tout le monde en
convient, ſemble avoir été de payer
toujours de quelque plaiſir les ſoins
que chaque individu prend pour ſa
propre conſervation, & à plus forte
raiſon ceux qu'il prend pour la conſervation de ſon eſpece. La choſe
étoit trop importante, pour qu'elle
oſât s'en raporter à notre prudence &
à notre exactitude, malgré le grand
intérêt que nous y avons nous-mêmes.
C'eſt pour cela qu'elle atáche des ſen-
ſations gracieuſes à ces actions ſi in-
diſpenſables de la vie, manger, boire,
ſe repoſer des fatigues de ſon travail,
parceque ſoulager la faim, la ſoif, la
laſſitude, & tous les autres beſoins du
corps,

corps, c'eſt opérer ſa propre conſervation, & qu'elle ſembloit craindre
ſans cet apas, que notre intérêt & la
néceſſité même ne fuſſent pas ſufiſans
pour nous y déterminer; du moins
qu'ils ne ſufiſſent pas pour nous y déterminer à tems. Mais combien l'intérêt de l'eſpece eſt-il d'une plus haute
importance, & combien notre négli-
gence feroit-elle plus à redouter, Monſieur, à cet égard ? C'eſt donc auſſi
en conſéquence de ce même plan général, qu'elle atache inviolablement
un plaiſir plus vif encore qu'à tout le
reſte, au grand oeuvre de la génération, où il ne s'agit pas moins que
de la conſervation de l'eſpece entiere, & non de celle d'un ſimple individu.

Or maintenant auquel des deux ſexes ce plaiſir a-t-il été rendu plus vif
&

& plus néceſſaire? Sans recourir à la déciſion fameuſe de Tireſias (a), il ne faudroit, Monſieur, que conſulter l'uniformité conſtante des procédés de la nature. Nous ſavons qu'elle a coutume de proportioner les dédomagemens aux dificultés de l'objet qu'elle ſe propoſe d'obtenir. Concluons de là, que c'eſt à celui des deux, pour qui l'œuvre de la génération, eſt, & ſi pénible, & ſi dangereux dans ſes ſuites. Je ne doute pas que tous ceux à qui je parle ne ſoient de cet avis, même indépendamment des raiſons qui l'établiſſent; mais je veux bien n'en point tant exiger, & je me contente de ſupoſer ſur ce point une égalité qu'ils n'admettroient pas, s'il ne s'agiſſoit que de plaiſanter.

Supoſons-là donc cependant, Monſieur

(a) Voyez Métamorph. d'Ovide, L. 3e.

fieur. L'injuftice de la poligamie n'eft-elle pas encore affez fenfible? Quoi! tandis qu'un feul home s'épuifera, & s'énervera brutalement au milieu de dix à douze femmes (*), lui qui peut à peine s'aquiter envers une feule, il laiffera chacune d'elles languir dans les incomodités d'une longue & pénible groffeffe, en atendant les douleurs cruelles qui doivent en être le trifte dénoument! Il les laiffera fe confumer dans de vains défirs, privées des dédomagemens qui leur étoient préparés, ou n'en goutant que ce qu'il faut pour rendre leur tourment moins fuportable! Il ne fera qu'atifer un feu qu'il n'a ni le pouvoir ni l'intention d'é-

(*) C'eft le moindre nombre qu'on en done au St. Roi David tout à la fois, fur dix-huit au moins, ou peut-être trente en tout, en une quarantaine d'anées.

d'éteindre! Enfin il jouira feul honteu-
fement & tiraniquement des bienfaits
de la nature, aux dépens d'un nombre
de perfonnes, dont chacune y a fans
comparaifon plus de droit, qu'il n'a l'audace de s'en arroger lui-même!

C'en eft affez, Monfieur; n'infiftons
pas davantage fur cet article, où chacun peut fupléer fans peine, & où il
ne s'agit plus que d'avoir quelques
principes d'équité, pour tirer de juftes
conféquences.

Si quelqu'un s'avifoit de prétendre,
qu'il peut fe trouver des homes d'un
tempérament affez violent, pour avoir
befoin de plufieurs femmes, je répon-
drai premiérement que cela n'eft pas
trop fûr, & que fi ce n'eft l'injufte
plaifir de la diverfité, une femme feule
peut fufire, du moins pour calmer les
feux de l'home du monde, de la com-

Q 2

plexion

plexion la plus défavorable à la continence. J'ajouterai, que la même chose
se poura dire, & sera peut-être même vraie plus fréquemment, à l'égard
des femmes. Or je demande à nos ad-
versaires, s'ils seront d'avis d'acorder
aux femmes la liberté de plusieurs maris, & si leurs épouses avoient lieu
d'être peu satisfaites d'eux, ou par foiblesse d'une part, ou par excès de tempérament de l'autre, s'ils auroient la
complaisance de leur en doner le conseil avec la permission. Enfin il faut ob-
server que ces cas, ou de foiblesse, ou
d'excès de tempérament, font à la vérité des inconvéniens, mais des inconvéniens particuliers, auxquels il n'est pas
possible que des loix générales ayent
égard. Dans ces cas-là, selon la belle
maxime de Plaute *(a) come une femme de*

bien

(*a*) Merc. Act. 5. sc. 1.

bien doit se contenter de son mari, il est juste aussi qu'un honête home se contente de sa femme, & d'une seule femme. Si l'on soufre par trop de santé, c'est une sorte de maladie; il n'y a qu'à recourir à l'art des médecins, qui seront bien mal-habiles, s'ils ne réussissent en ce genre-ci. Mais fût-on roi & quelque chose de plus, on n'a pas droit de bouleverser l'ordre moral & le phisique, come un frénétique n'a pas droit d'égorger les persones qui l'environent, lorsque l'ardeur de la fievre lui en fait naître la fantaisie. En un mot à moins d'être, Monsieur, dans l'impertinente & ridicule opinion, que les femmes sont d'une création fort inférieure à celle des homes, il doit demeurer pour constant, que des loix équitables ne peuvent se dispenser de garder entre les deux sexes, sur ce qui concerne le ma-

Q 3

riage,

riage, une entiere égalité; la nature y ayant déja mis celle du nombre, & ayant eu foin de compenfer dans l'un, par plus de douceur & d'agrémens, l'avantage de la force dont elle a voulu gratifier l'autre.

Si nous élevant maintenant au deffus de l'inftinct charnel que nous avons de comun avec les bêtes, nous venons à confidérer cet amour plus pur, qui fournit aux perfones des deux fexes les plus délicieux inftans de leur vie, nous trouverons encore lieu de tirer la même conféquence. L'amour ne peut fe payer que par l'amour: l'amour le plus entier ne peut fe payer que par le retour le plus entier, & le plus parfait. Quoi donc, un mari ne demande-t-il pas toujours, & tout le cœur, & toute la tendreffe de fon époufe? On fait à quel point nous ofons porter nos préten-

tentions à cet égard. Le moindre partage est un crime, selon nos idées; un
soupir qui ne seroit pas pour nous, est
une ofense atroce; des feux éteints depuis lontems, éteints même avant l'u-
nion qui nous a rendus maîtres de la
perfone de nos époufes, nous inquie-
tent souvent & nous chagrinent, lorfque nous en avons conoiffance. Eh
de quel front, Monfieur, exiger d'un
fexe, que nous tenons pour fi foible &
fi fragile, plus que nous n'exigeons
de nous-mêmes! Eft-il moins fufceptible de délicateffe, ce fexe aimable,
feul principe de tout l'amour pur &
délicat qui anoblit l'univers? Sent-il
moins bien que nous tout le prix d'u-
ne tendreffe mutuelle & fans partage?
A-t-il de cœur moins haut pour fe ré-
puter digne d'un tel bonheur? Y afpi-
re-t-il, à ce bonheur, avec une ar-

Q 4

deur

deur moins vivé, moins capable de troubles & d'agitation? La paix, le repos, la tranquilité de l'ame, font-ce pour lui des biens moins défirables & moins précieux? Or c'eft-là ce que foulent aux pieds, avec le mépris le plus odieux, les maximes arabefques des partifans de la poligamie. Un barbare Turc fe croit en droit de maltraiter, que dis-je, de poignarder une femme, parce qu'à fon gré elle n'a pas pour lui un atachement affez tendre, ou parce qu'il aura cru démêler en elle de l'inclination pour quelque autre home, tandis que lui-même répartit fon amour, ou plûtôt fa brutalité, entre dix femmes, tout prêt à en prendre davantage, s'il avoit le moyen de fe les procurer. Ainfi donc, fatisfactions de toute efpece pour un fexe, mortifications de toute efpece pour l'aul'autre ; nul égard aux gémissemens d'une inocente jalousie, abandon furieux aux fougues & aux transports de la jalousie la plus inique! Ah, Monsieur, de pareilles maximes peuvent être reçues chez des peuples à demi sauvages, qui ne conoissent d'autres loix que la violence, & qui n'agissent jamais que d'une maniere emportée, cruelle & tiranique. Mais que parmi des nations civilisées il se trouve des homes, & qui encore.... des philosophes, & qui encore..... des chrétiens-mêmes, qui osent entreprendre d'en justifier le principe: c'est envérité le plus haut comble d'égarement de la raison humaine, dans l'un des points les plus essentiels de la morale ; c'est la marque la moins équivoque de l'afreuse dépravation de cœur, qui n'est aujourd'hui que trop répandue parmi nous.

Q 5

Je

Je prens nos chrétiens à partie, Monsieur; ce qui va suivre ne regarde qu'eux. Il est triste qu'il faille les relever fur un fujet de cette nature. Que ne laiffions-nous de pareilles erreurs aux ennemis de la foi, à ces fiers deffenfeurs d'une raifon tant de fois prife en deffaut? Quels reproches à leur tour ils font en droit de nous faire! Au milieu des lumieres de la révélation qui nous guidoit, nous ne fomes pas plus éclairés qu'eux, nous ne fomes que plus inconféquens. Nous profcrivons un ufage, en effet des plus dignes d'être profcrit: mais c'eft fans trop favoir, ni pourquoi, ni coment; c'eft en regrettant fes prétendus avantages, en nous diffimulant fes injuftices, come fi notre divin Maître ne nous en avoit pas apris là-deffus, plus qu'il ne faloit, pour fixer de fi honteufes incertitudes. En voici la preuve, Monfieur. Suivez, je vous en conjure, un raifonement fans doute moins propre à remuer l'ame que ce qui précede, mais qui ne l'eft pas moins à fe faire entendre avec force aux efprits les plus rebelles.

On ne fauroit douter que Jefus-chrift condane la poligamie. Deslors pour le moins la voilà cenfée criminelle; il n'y a pas de chrétiens qui foient capables d'en difconvenir. L'unique reffource donc de ceux qui ont conçu pour elle un fi profond refpect, c'eft de prétendre, que la deffenfe feule eft ce qui la rend criminelle, fans qu'on foit en droit d'y fupofer une iniquité intrinfeque, qui la rende digne de la deffenfe; come les mariages entre freres & fœurs, ou pour prendre un exemple moins fujet à conteftation, (quoique
que

que l'idée ne foit pas fort noble,) co-me la deffenfe de l'ufage de la chair de porc, fous l'ancienne loi, n'emportoit pas que ce fût un crime en foi que d'ufer de la chair de porc. Non, Monfieur; je foutiens qu'il n'en eft pas ainfi, & que la maniere dont notre divin Maître condane la pluralité des femmes, en fupofe effentielle-ment l'iniquité. Un peu d'atention, je vous en fuplie.

Le fils de Dieu ne dit pas en pro-pres termes; *Vous ne prendrez point plu-fieurs femmes.* Il fe contente de nous faire voir ce qu'il penfe d'un tel ma-riage. Cela peut d'abord paroître défa-vantageux à ma thefe; pour moi j'en juge tout le contraire. Je ne répéte-rai point, Monfieur, ce que j'ai déja touché, que Jefus-chrift ne prend un tour fi vague que parce que la chofe

n'an'avoit pas besoin d'un autre, étant du nombre de celles qui sont formelle-ment proscrites, & par la loi de natu-re, & par celle de Moïse même. Cet-te vérité n'est pas encore mûre, & ne sera bien goutée qu'à la fin de notre controverse. Je m'en tiens donc à ceci; que pour éprouver notre obéis-sance, ou pour d'autres raisons parti-culieres, la Sagesse divine peut fort bien nous interdire ce qui est inocent en soi, mais qu'elle ne peut pas re-garder dans ses idées come criminel, ce qui ne seroit pas effectivement cri-minel, ni qualifier du titre spécial d'un certain crime, ce qui ne seroit pas ef-fectivement ce crime; qualifier, par exemple, d'adultere, ce qui effective-ment ne seroit pas un adultere. Si Je-sus-christ avoit dit, *Vous ne prendrez pas plusieurs femmes*, ah soit, qu'on

s'i-

s'imaginât pourlors qu'il ne nous auroit
donné ce précepte que pour nous élever à une plus haute perfection, sans
qu'il y eût au fond le moindre mal à
prendre deux ou trois femmes plûtôt
qu'une seule ; on le pouroit. Mais ce
n'est pas cela. Jesus-christ nous donne
lieu de conclure, qu'il regarde la sim-
ple bigamie come un adultere : donc
la bigamie est réellement & essentiel-
lement telle qu'il la regarde. La qua-
lification décide. Une deffense du Seigneur la rendroit bien criminelle, d'i-
nocente qu'elle étoit auparavant, mais
elle ne la rendroit jamais un adultere,
si elle n'en étoit un. De même que
la deffense de manger de la chair de
porc rend bien criminel l'usage de la
chair de porc, mais elle n'en peut pas
faire, ni un adultere, ni un meurtre, ni
un inceste, ni même à proprement parler,

ler, (fentez, je vous prie, la juftefle de ce que je vous dis-là,) ni même un péché d'intempérance, parce qu'il eft poffible que ce ne foit pas par intempérance, c'eft-à-dire par un goût paffioné pour cette forte de viande, qu'un juif fe laiffe aler à en ufer; come fi ce vénérable martir de l'hiftoire des Macabées, eut été vaincu par les preffantes folicitations de tous fes amis, dont la perfide tendreffe fit de fi grands efforts pour le fauver. L'ufage de la chair de porc pouroit bien être qualifié d'idolâtrie, parce qu'il en eft un des fignes à l'égard d'un juif, & que des fignes n'ont le plus fouvent rien que d'arbitraire & de factice: mais encore un coup, fans une fouveraine abfurdité, il ne pouvoit pas être qualifié d'adultère, ni la poligamie non plus, Monfieur, fi de fait & de droit la poligaligamie n'en est pas un. L'abfurdité, je l'avoue, feroit un peu moindre; la fauffeté feroit la même. C'eft changer les effences des chofes : c'eft vouloir que le triangle foit cercle, & que le cercle foit triangle: ou, fans aler juf-qu'à l'ordre métaphifique, fi nous nous en tenons au grammatical, c'eft une impropriété fi puérile, qu'elle n'eft pas fuportable.

Je fens que l'on peut me faire une chicane. ,, Jefus - chrift condane ,, come adultere, un cas de divorce, ,, qui étoit permis fous l'ancienne loi. ,, Donc l'ancienne loi permettoit un ,, adultere. Donc j'ai tort d'en con-,, clure que cette même loi n'a pu per-,, mettre la poligamie. ''. Auffi n'eft-ce pas cela que j'en conclus. S'agit-il ici de l'ancienne loi? Il n'eft queftion entre nous, Monfieur, pour le pré-

fent,

fent, que de ce qu'eft la poligamie, & de ce que notre divin Maître en penfe. Or ce qu'elle eft, & ce qu'il en penfe, fe réduit au même, *Que c'eft effentiellement & en foi un adultere dans toutes les formes.* Quant à la conféquence, que l'ancienne loi en permettant le divorce permettoit ce qui eft effentiellement & en foi un adultere, il y a bien des chofes à dire là-deffus. Cette dificulté pouroit être la matiere d'une ample differtation où je n'ai point envie de m'engager. Il faudroit rechercher d'abord quel étoit au jufte le cas de divorce que toléroit la loi de Moïfe. Ceci feroit facile : il eft affez clair que c'étoit celui d'une averfion, ou antipathie fondée & infurmontable. Je ferois voir enfuite qu'à toute rigueur ce cas n'a rien que de légiti-

Tom. I. R me,

me, & que feulement faut-il convenir que la tolérance à cet égard eft très dangereufe, à caufe de l'extrême abus qu'on en peut faire. Ceci pofé, j'établirois qu'à le bien prendre ce que Jefus-chrift a condané come adultere, n'eft pas ce que Moïfe avoit permis. Je diftinguerois donc avec foin deux chofes dans la décifion de notre divin Maître, une révocation, & une condanation ; la révocation de la tolérance qu'avoit acordé Moïfe, & la condanation, fur le pied d'adultere, de l'ufage abufif que l'on fefoit de cette tolérance. Outre cela il s'agiroit encore d'examiner, dans la fupofition que l'abus même eût été en quelque forte toléré par la loi de Moïfe, s'il l'auroit été par la loi confidérée come loi morale, ou come loi fimplement civile, de maniere que ceux qui fe-

roient

roient tombés dans l'abus n'euſſent été
à couvert que des pourſuites juridi-
ques, ſans laiſſer d'être très comptables au jugement de Dieu, & au tri-
bunal de la conſience. Voilà ce qu'il
faudroit diſcuter, & cela ne ſeroit pas
court. Sans ſe jetter dans tout ce détail, il eſt bien plus à propos de nous
retrancher ſur une ſeule obſervation :
celle de la diférence infinie, qui ſe
ſaiſira plus avantageuſement encore
dans la ſuite de cette controverſe, de
la diférence infinie, vous dis-je, Monſieur, qu'il y a entre une permiſſion
du divorce & une permiſſion de la poligamie ; entre une permiſſion du divorce reſtrainte à un cas unique, celui
d'une antipathie inſurmontable, & une
permiſſion de la poligamie ſi vague,
qu'elle eût mis un pieux iſraëlite en
droit d'eſſayer tous les gouts de l'in-

R 2

con-

continence, au milieu d'une vingtaine de femmes, & davantage; enfin entre une permiſſion du divorce, qui laiſſe une malheureuſe femme en liberté de ſe conſoler dans les bras d'un autre époux, & une indigne permiſſion de la poligamie, qui abandoneroit à un ſexe toutes les ſatisfactions du monde, & réſerveroit toutes les mortifications pour l'autre.

Cette chicane qu'il m'a falu prévenir, m'a quelque peu écarté de mon ſujet: revenons-y. J'ai donc prouvé, Monſieur, par l'autorité de notre divin Légiſlateur, que la poligamie eſt eſſentiellement & en ſoi, une infraction des loix éternelles du mariage, une infidélité envers une premiere épouſe, en un mot un adultere. Je ne puis me tenir de me reſaiſir en cet endroit, de cette belle

&

& magnifique maxime de St. Paul,
hélas, dont j'avois promis de vous
faire grace; mais je me perfuade que
vous ne voulez plus de grace à l'heure qu'il eft.   J'ai fait ufage ci-deffus
d'une maxime de Plaute, payen & poëte comique.   Il me fera bien permis,
je penfe, de mettre en regard avec
elle une maxime du faint apôtre des
gentils; duffai-je, pour ne vous rien
retirer contre ma parole, la confidérer ici fans autorité particuliere, &
feulement come l'énoncé le plus heureux, de la doctrine de Jefus-chrift &
du bon fens.

Le poëte dit: *Une femme de bien doit
fe contenter de fon mari; il eft jufte auffi
qu'un honête home fe contente de fa femme, & d'une feule femme.* Quelle vérité! & coment comprendre que quelqu'un qui fe pique un peu de droiture

R 3

puiffe

y refuſer ſon aſſentiment! La maxime
de St. Paul, plus énergique encore pour
l'expreſſion, ne frape pas l'eſprit d'u-
ne lumiere moins pénétrante. „ De
„ même, dit-il, que la femme n'a
„ pas ſon propre corps en ſa puiſſan-
„ ce, mais qu'elle eſt en la puiſſance
„ de ſon mari : pareillement auſſi le
„ mari n'a pas en ſa puiſſance ſon pro-
„ pre corps, mais il eſt en la puiſſan-
„ ce de ſa femme. ''. Oh ſi cela eſt
vrai du corps, l'eſt-il moins de toute
la perſone ? L'eſt-il moins des ſentimens du cœur ? L'eſt-il moins de cet
amour le plus entier, qui ne peut ſe
payer que par le retour le plus parfait
& le plus entier ? *Le mari n'eſt plus en
ſa puiſſance*; il ne peut donc plus diſpoſer de lui-même. *Il eſt en la puiſ-
fance de ſa femme*; il ne peut donc plus
diſpoſer de lui-même, au mépris &
con-

contre les intérêts de cette femme, dont sa persone est devenue le véritable domaine. Un échange mutuel s'est fait, & sans une violence tiranique cet échange n'a pu se faire qu'à conditions égales. Obligations réciprogres, parité complette; voilà le droit de la nature. Car je vous prie, Monsieur, St. Paul ne nous expose-t-il ici qu'une opinion qui lui soit particuliere ? Est-ce un avis, un conseil qu'il hasarde en de certaines conjonctures embarassantes ? Est-ce une liberté qu'il se done, & sur la quelle il croye devoir prévenir ses lecteurs, & leur faire beaucoup d'excuses ? Nulement, prenez-y garde. Relisez l'endroit; (a) vous verrez tout aucontraire que c'est un principe général dont il s'apuie;

une

(a) Epître I. aux Cor. ch. 7. v. 2, 3 & 4.

R 4

une maxime conue, reçue de ceux à qui il parle, une vérité qui n'exiſte pas d'hier, ni d'avant-hier, mais dont l'ancienneté remonte à celle du monde, & plus haut, dont l'ancienneté remonte à celle de l'inſtitution-même des deux ſexes, arêtée dans les décrets éternels du Créateur. Ah qu'il étoit éloigné, ce ſaint apôtre, de penſer que des chrétiens méconoitroient un jour un principe ſi lumineux, qu'il ſe contente de préſenter avec ſimplicité! Et qu'il eſt étrange auſſi d'en trouver tant, je veux dire des chrétiens, oui d'en trouver à chaque pas, qui ayent moins de droiture, ſoit dans le cœur, ſoit dans l'eſprit, qu'un Plaute, dont l'école, Monſieur, n'étoit aparemment pas celle des bones mœurs & de la vertu!

Mais, inſiſte-t-on; non, il n'eſt pas vrai

vrai qu'il y ait parité entre les obligations du mari & celles de la femme. Il
faut même être bien aveugle, pour
ne pas voir la disparité infinie, qui résulte de la constitution des deux sexes.
L'infidélité de la femme introduit des
enfans étrangers dans la famille du mari, à son insû, aulieu que la poligamie de ce dernier ne fait rien de
tel. Voilà, ajoute-t-on avec toute
l'assurance du triomphe le plus com-
plet, voilà le fondement légitime de
l'inégalité des conditions, qu'une loi
très équitable peut admettre, entre
les parties contractantes, dans le mariage.

Sont-ce des chrétiens encore qui
tiennent un pareil langage, au mépris
de cette admirable maxime de St. Paul,
& de la doctrine de leur divin Maître? Sont-ce même des gens qui se pi-

R 5

quent

quent d'avoir perfectioné leur efprit par de profondes & folides études ? A la hauteur avec laquelle ils produifent ce raifonement, on juge, Monfieur, qu'ils croyent avancer tout ce qui fe peut imaginer de plus victorieux : & c'eft le faux tout pur qu'ils énoncent, le faux tout pur qu'ils en déduifent, & qu'ils en déduifent de la maniere la plus fauffe, auffi bien que la plus inique.

Je nie primò que le tort que nos infidélités font à nos époufes foit moindre, que celui que nous font les leurs. Començons par nous bien entendre. Ce n'eft pas proprement infidélité qu'il faut opofer à infidélité ; mais l'infidélité fecrette des femmes, qu'il faut opofer à cette infidélité publique des homes, que l'on apelle poligamie. C'eft là notre thefe, & pour ne

point

point trop m'étendre, je me renferme dans les bornes qu'elle m'indique. Quant aux infidélités publiques des femmes, si les loix forcent en ce cas un mari à reconoître les enfans qui en proviennent, ce n'eſt pas le bon ſens qui l'ordone ainſi ; c'eſt une extravagance du droit romain qui fait nombre parmi tant de miliers d'autres (*a*). Et pour ce qui eſt de la pluralité des maris, come ce n'eſt point une honte que le ſexe ait à ſe reprocher, il eſt fort inutile que nous en parlions. Il ne s'agit donc que de ſavoir, ſi l'infidélité ſecrette d'une femme, infidélité qui n'eſt un mal à l'égard du mari que parce qu'après tout elle peut être ſûe, ou ſoupçonée, ſi, dis-je, une infidélité de

cette

(*a*) Tout le monde ſait la maxime de droit : *Pater eſt quem juſtæ nuptiæ demonſtrant.*

cette forte eft une auſſi grande injure pour lui, que la poligamie le feroit pour elle.

Cela peut-il ſe demander? Un home, Monſieur, éleve dix enfans qu'il
croit très ſincérement lui apartenir;
point du tout, ils ſont d'un autre.
Tant qu'il l'ignorera, quel eſt le tort
qu'il en reçoit? Il a travaillé à ſe procurer ces dix enfans, puisqu'il a lieu
de croire qu'ils ſont à lui : ſi ceux-là
n'étoient point nés, d'autres feroient
nés, & il n'eſt pas faché qu'ils ſoient
nés; il s'admire, il ſe complaît dans
cette idée charmante. L'unique mal,
c'eſt qu'il n'eſt pas impoſſible qu'il ſoit
quelque jour détrompé de ſa douce erreur; & c'eſt-là principalement ce qui
conſtitue le crime de l'adultere du coté
des femmes.

Une ſimple bigamie ne fait-elle rien
de

de plus? Elle amene effrontement jufques fous les yeux d'une légitime époufe une odieufe & déteftable rivale. Ce
ne fera, fi l'on veut, qu'une époufe
du fecond ordre, une femme fecon-
daire, une concubine : diftinction dont
les jurisconfultes de la poligamie fe
fervent fouvent, & croyent faire merveille. Oui, mais la prédilection du
mari pour cette derniere, n'en devien-
dra par cet endroit-là-même que plus
infultante pour la principale époufe.
Elle verra, cette infortunée, croitre
chaque jour autour d'elle une troupe
d'enfans qui feront quelque chofe de
plus qu'étrangers dans fa maifon. Elle les verra, Monfieur, partager avec
les fiens, & les careffes, & l'héritage
de fon cruel époux. Et pour comble
de défaftre, une barbare loi lui inter-
dira jufqu'au foulagement, qu'elle eût

pu

pu trouver dans la juſtice de ſes plaintes.

Quel travers que d'oſer mettre en
comparaiſon des injures ſi diſparates !
Mais alons, je le veux, tenons-nous-
en à la façon vulgaire de concevoir
les choſes. Ne ſentons que les torts
qui peuvent nous être faits ; exagé-
rons-les, en exténuant ſans pudeur
ceux de l'autre ſexe. Cette maniere
eſt tout-à-fait convenable à la dignité du nôtre, poſſeſſeur, par excellence, de la raiſon que nous n'acordons
aux femmes que de la ſeconde main.
J'admets le principe. ,, L'infidélité la
,, plus ſecrette de nos femmes eſt cent
,, millions de fois pire pour nous,
,, qu'une poligamie publique de notre
,, part ne l'eſt pour elles. ". *Donc dans
le contract que nous paſſons avec elles,
leurs obligations doivent être plus étroites
que*

que les nôtres. O la singuliere logique!
Donc, Monsieur, nos obligations doivent être, pour le moins, aussi étroites que les leurs. C'est la véritable conséquence.

De deux parties contractantes, celle qui reçoit le plus & done le moins,
demeure chargée d'une plus grande
redevance. Il n'y a point de doute; &
je vous ménerois loin par là, si je ne
devois imiter la modération du sexe
dont je deffens la cause. Il se contente de l'égalité: je n'ai garde d'exiger
plus, de peur qu'il ne m'en démentît
lui-même. Puisque nous avons un si
grand intérêt à obtenir de nos épouses
une fidélité à toute épreuve, qu'est-ce
que la raison & l'équité nous dictent
en cette rencontre? D'en acheter le
droit, Monsieur. Rien n'est plus dans
l'ordre. Nous n'en jouissons certaine-

ment

ment pas avant que de l'avoir aquis.
Or par quoi eſt-il juſte, diſons mieux,
par quoi eſt il néceſſaire que nous l'a-
quérions? Ce point eſt-il donc ſi dificile à démêler? Notre propre beſoin
nous fait ici la loi, come il nous la
fait lorſque nous achetons chez le mar-
chand une piece d'étofe pour nous vé-
tir. Ce n'eſt pas le beſoin que nous
avons de cette étofe, qui met le mar-
chand dans l'obligation de nous la livrer; c'eſt le prix que nous lui donons.
De même il eſt clair que ce n'eſt pas le
beſoin que nous avons de la fidélité
de nos épouſes, qui les met dans
l'obligation de nous être fidelles, du
moins à ne conſidérer les choſes que
par raport à nous: c'eſt le prix dont
nous payons le droit à leur fidélité; &
ce prix, au nom de Dieu, Monſieur,
ſans l'effronterie & la violence la plus.

atro-

atroce, quel peut-il être, que l'enga-
gement à une fidélité pareille?

Voyez ces deux époux aux pieds
des autels. Ils vont prononcer les
courtes & redoutables paroles qui les
uniront à jamais. Que l'exacte équité
décide de l'étendue des promesses qu'il
leur convient de se faire. Il n'y a que
quelques jours que Philogyne, trem-
blant, incertain de son sort, a démê-
lé dans les yeux de Celanire qu'il avoit
le bonheur d'en être aimé. Un aveu
ingénu a suivi de près. Elle consent
à lui doner la main, mais il ne tient
encore qu'à elle de se refuser à ses ar-
dens désirs. Eh bien, Philogyne, à
quoi voulez-vous que cette inocente
persone s'engage, & que lui promet-
tez-vous de votre part? Vous exigez,
ah! cela va sans dire, une chasteté égale à celle de l'âge d'or. Vous préten-

dez auffi, que le cœur, que la penfée, que les regards n'ayent d'action & de fentiment que pour vous feul. Soit, cela eft raifonable... Et vous, de par l'Eternel qui vous écoute, quel prix mettez-vous à tant d'amour ... Vous vous troublez, Philogyne ; vous n'a-vez pas le courage de vous expli-quer.... Né fur les bords de l'Afri-que ou de l'Hellefpont ; il auroit un peu plus d'audace, Monfieur : & fi ce trouble n'avoit averti la belle fort à propos, je vous affure qu'il en auroit eu davantage dans quelques mois.

Enfin je demande aux partifans de la poligamie. „ Il eft tant de manie-„ res dont une femme peut fe rendre „ infidelle envers fon mari ; n'en eft-il „ point dont un mari puiffe fe rendre „ infidele envers fa femme ? " Ou pour

pour m'exprimer d'une autre façon,
*N'est-il donc d'infidelités conjugales que
celles-là seules qui nous offenfent?* Pour
peu qu'il refte de pudeur, on n'ofe pas
fe déclarer fi net pour l'afirmative ;
mais on prétend qu'un fecond mariage,
dans les lieux où il eft permis, n'eft
point une infidélité, parce qu'il eft
revêtu de tout l'apareil & de toutes les
formalités que les loix exigent. Étrange conféquence, digne de la profondeur
de jugement de ces habiles jurifconful-
tes ou moraliftes! Pour la couvrir du
ridicule qu'elle mérite, je ne veux,
Monfieur, que l'expofé naïf d'un feul
cas de cette efpece.

Un home amoureux de fa fervante
vit avec elle dans un comerce clandes-
tin. Un refte de confidération pour
une femme qu'il a, eft ce qui lui fait
cacher ce comerce avec tout le foin

ima-

imaginable. La chofe fe découvre enfin. Voilà, n'eft-il pas vrai, un mari
convaincu d'infidélité. Diftinguons.
Cet home eft très coupable envers la
fille qu'il féduit; il l'eft envers les enfans qui en peuvent naître, lefquels vi-
vront deshonorés & fans état; il l'eft
peut-être même encore envers le public qu'il rifque de fcandalifer, puifqu'au bout du compte tout fe découvre. Mais je nie, & je nie très fort,
que dans les principes des partifans de
la poligamie, il foit coupable envers
fa femme. Du moins pour qu'il ne le
foit plus, y a-t-il un moyen bien facile. C'eft de mener au temple l'objet
de fon adultere tendreffe, couronée de
fleurs & fuperbement parée; de ramener en pompe cette nouvelle époufe
en fon logis, & de la placer dans le lit
de fa maitreffe, en adreffant à celle-ci

ces

ces douces paroles: *Madame, voici do-*
rénavant votre égale, qui même a fur vous
l'avantage précieux de la jeuneffe & de la
beauté. Ayez pour elle les égards qui lui
font dûs. Que fes enfans foient ici fur le
pied des vôtres, &c.... Quoi, Monfieur, ce ne fera pas là une infidélité!
Et où y en aura-t-il jamais! Et qu'eft-
ce, bon dieu, que l'état des femmes,
& quel eft le malheur inféparable de
leur condition, fi la régularité même
de leurs époux à fe conformer aux
loix, eft tout ce qu'elles en peuvent
atendre de plus infultant & de plus
cruel!

Ainfi donc il en faut revenir à ce
point, que felon les idées des poligames, le mariage eft un contract où
tout eft acordé à un fexe, tandis que
tout eft refufé à l'autre: ce qui eft affurément le comble de la tiranie d'ho-

me

me à home, & à plus forte raifon d'u-
ne moitié du genre humain vis-à-vis
de l'autre moitié toute entiere. Ceux
que l'éducation & la coutume familia-
rifent avec des maximes fi tiraniques,
s'apellent des barbares. Quant à ceux
qui nés au fein de la philofophie & du
chriftianifme, prennent à tâche de les
défendre, Monfieur, ces odieufes &
tiraniques maximes, j'avoue que je ne
fais pas trop, qu'elle eft la qualifica-
tion qui leur convient.

Venons à de nouvelles réflexions
qui ne le céderont gueres aux précédentes. Ce n'eft encore ici que la
moindre partie des motifs qui doivent
nous faire regarder la poligamie, come un ufage non feulement injufte,
mais infiniment préjudiciable à l'ordre
& au bonheur de la fociété. Si donc
vous le jugez à propos, nous n'en ref-
terons

terons pas en si beau chemin ; nous
pousserons ses zélés partisans à toute
outrance ; nous achéverons de terrasser
leur monstrueuse erreur, & ne lui ferons grace d'aucun des coups dont il
est possible de la fraper. Il n'y auroit
que l'impatience que vous témoignez,
de me voir à mon troisieme article,
qui m'engageroit à passer outre : mais
je crois qu'il n'en vaudroit que mieux
que cette matiere-ci fût auparavant
toute épuisée. Je ne saurois, Monsieur, couvrir de trop de honte cet
inique & pernicieux usage, qui renver-
se dans l'essence du mariage ce qu'elle
a de plus inviolable & de plus sacré.
C'est ce qui mettra la question qui nous
reste, à l'égard de l'ancienne loi de
Dieu, dans le point de vue le plus in-
téressant, si je ne me trompe. Mandez-
moi vos intentions ; ou j'interpréterai

S 4

votre

votre silence conformément aux miennes, si vous jugez inutile de m'écrire,
n'ayant rien jusqu'ici à me comuniquer.

LETTRE XVI.

EUDOXE.

Premiere suite funeste de la poligamie.
C'est de précipiter les homes dans les
impudicités les plus abominables, tant
par le manque de femmes où les uns
sont réduits, que par le dégoût prodi-
gieux qu'elle inspire enfin pour ce sexe
à ceux qui la pratiquent.

DAns les deux lettres précédentes,
Monsieur, j'ai rendu sensible l'i-
niquité de la poligamie, tant à l'égard
des femmes qui semblent y être la partie la plus intéressée, qu'à l'égard même des homes. Nous avons vu que
les uns & les autres y sont également
blessés dans leurs droits les plus légitimes, sans qu'on puisse dire que cette
double injustice soit compensée par
quelque sorte d'avantage, puisque j'ai

S 5

dé-

démontré qu'il n'en faloit atendre aucun, & qu'elle n'étoit capable que de nuire à la propagation, bien loin de la favoriser, come les esprits peu atentifs se l'imaginent. Ainsi donc il est prouvé par la seule considération de l'égalité de nombre, & de l'égalité de tempérament que la nature a mise entre les deux sexes, que la poligamie, selon l'état des choses, est en soi tellement impratiquable, qu'elle ne doit pas paroître moins extravagante qu'injuste & criminelle.

Poussons plus loin ces réflexions; la matiere, Monsieur, n'est encore qu'à peine ébauchée. Tant s'en faut que ce soit là tout le tort qu'est capable de faire une coutume si peu conforme au droit & à la raison, ce n'en est au contraire que la partie la plus tolérable. Nous aurions même bien lieu de

nous

nous étoner qu'elle n'entraînât pas après
foi de plus fâcheufes conféquences.
Des ufages qui ont à un certain point
un caractere de folie & d'iniquité, tel
que celui que nous remarquons ici, ne
renferment pas ordinairement leur malignité dans la fphere naturelle de
leurs effets les plus immédiats. Ils
portent bientôt leurs influences beaucoup au delà : & c'eft ce que cette
lettre & les fuivantes vous feront obferver, Monfieur, dans l'expofition
des principaux défordres, qui font, &
ont été dans tous les tems, les fuites
de la poligamie.

Des conféquences funeftes que je
dois vous détailler, les unes découlent
plus directement de cette caufe comune, les autres un peu moins. Toutes s'y trouvent fi généralement liées,
qu'il eft bien dificile de ne les pas regarder

garder come y tenant par une néceſſité indiſpenſable. D'ailleurs celles qui ſont le moins directes ſont en récompenſe ſi pleines d'horreur, qu'il ne peut qu'en rejaillir infiniment ſur ce qui contribue le moins du monde à les entretenir ou les étendre.

Tels ſont ces deux énormes fléaux de la propagation, dont la penſée ſeule fait frémir ; j'entens, Monſieur, la déteſtable pratique des impudicités qui outragent la nature, & la coutume abominable de mutiler des homes. Je ne voudrois pas ſoutenir que l'un & l'autre de ces monſtrueux uſages tirent à la rigueur leur origine de la poligamie ; ce qui pourtant n'eſt pas ſans quelque vraiſemblance, ainſi que je vous le ferai ſentir. Du moins on peut aſſurer qu'ils en ſont des conſéquences & des acompagnemens, c'eſt trop peu dire

dire *presque* néceſſaires, puiſqu'outre la connexion très étroite qu'ils ont avec elle, il eſt de fait qu'on les voit régner partout où elle eſt en vogue, & toujours à proportion qu'elle eſt portée à des excès plus ou moins immodérés.

Le raiſonement & l'expérience s'acordent ſur cet article. Celle-ci nous aprend que les choſes ſont telles que je vous dis là dans toute l'Afrique & dans toute l'Aſie; l'autre ſert à nous convaincre qu'il n'étoit pas poſſible qu'elles fuſſent autrement. Les réflexions que nous ferons là-deſſus rendront cette vérité palpable. Mais afin de n'en pas entreprendre trop à la fois, je réſerverai pour la lettre ſuivante ce qui concerne l'exécrable mutilation. Nous avons, Monſieur, nous avons aſſez d'horreurs aujourd'hui, ſur leſquelles

quelles il nous faut malgré nous fixer les yeux.

Que les impudicités les plus monstrueuses soient des suites infaillibles de la poligamie, quiconque voudra faire un peu d'atention à l'égalité de nombre conftante entre les deux fexes, ne poura fe difpenfer d'en tomber d'acord. N'eft-ce pas en effet, Monfieur, une forte de néceffité qu'une multitude confidérable d'homes privés de l'ufage légitime des femmes, foient entraînés à changer en des paffions plus que brutales l'inftinct ordinaire de la nature, dont ils font dans l'impoffibilité de remplir le véritable objet? Cet inftinct cruellement géné fe tourne à la longue en une efpece de fureur, dont les fimptomes fe manifeftent bien fouvent de la façon la plus terrible. Il eft étonant à quoi les homes font

pouf-

pouſſés dans ces ocaſions par la fougue effrénée du tempérament. On en
a vus qu'une longue navigation avoit
retenus pluſieurs anées hors du comerce des femmes, ne pouvoir ſe contenir dès qu'ils étoient à terre, en venir
ouvertement avec celles qu'ils rencon-
troient aux dernieres violences, au
milieu même des places publiques. On
a vu des femmes laides, vieilles & dé-
crépites, devenir dans ces momens
pour une troupe de forcénés des objets délicieux. Pour tout dire enfin,
on a vu de ces frénétiques, ſe les ara-
cher, ſe les diſputer avec plus d'emportement qu'une jeune beauté n'en
pouroit produire. Sans parler, Monſieur, des maladies mortelles qui proviennent de cet état, mais dont les remedes ne ſont que trop faciles, & qui
par là menent bien moins à la mort,

qu'à

qu'à l'impudicité, à la quelle les homes n'ont déjà que trop de pente. Il
est peu de gens dans le cas de celui de
nos rois, qui mourut martir de sa continence, à ce qu'assurent quelques historiens (*a*). La morale, & la religion
même,

(*a*) Louis VIII, ocupé dans une expédi-
tion fort-loin de la reine son épouse, fut ata-
qué de cette maladie qui est l'effet d'une trop
longue continence. Les remedes étoient si
faciles que d'abord les médecins ne s'alarme-
rent pas beaucoup. Mais il n'y eut ni soli-
citations ni motifs qui pussent porter le roi
à consentir à aucun comerce illégitime. Cependant le mal devint pressant, à tel point
qu'il n'y eut plus moyen d'apeller la reine. Il
ne restoit qu'un expédient : on fit entrer dans
le lit du roi, lorsqu'il dormoit, une belle
femme dans l'ajustement le plus propre à
causer des impressions, comptant, ou que la
chasteté du prince se laisseroit vaincre à cette vue, ou que du moins la nature produi-
roit d'elle-même une crise capable de le sau-
ver. Mais le monarque indigné fit chasser

cette

même, ont rarement tant d'efficace,
ni ne peuvent en esperer beaucoup,
dans des conjonctures où l'home n'est
plus à lui, & où l'ardeur du sang fait
dans l'esprit, aussibien que dans le
corps, des désordres qu'on ne peut
comparer qu'à ceux de la fievre ou de
la manie.

Par ces accès de rage où le manque
de femmes est capable de porter les
homes, jugeons des effets qu'il doit
avoir dans les pays où la poligamie
rend ce cas bien plus comun. Là il
faut compter qu'une très nombreuse
partie du peuple s'y trouve réellement
sans femmes, & sans espérance d'en obtenir,

cette malheureuse, & mourut peu de tems
dans de très vives douleurs, le plus admirable exemple de continence, & le moins imi-
té! Voyez entr'autres l'histoire de France du
P. Daniel.

Tom. I.   T

tenir, puisque ce n'est qu'à prix d'argent qu'on en obtient. Aussi n'est-il pas rare de voir des furieux s'atrouper & tenter les armes à la main des irruptions dans les sérails, pour en enlever de quoi satisfaire les feux impatiens qui les dévorent. Si les exemples n'en sont pas encore plus fréquens, & presque journaliers, cela ne vient que des précautions extrêmes que l'on prend pour se mettre à l'abri de ces entreprises. Mais de pareils transports ne pouvant plus s'exhaler par la violence, il est bien force qu'ils ayent leur cours, dans la pratique des impudicités de tous les genres, & de toutes les especes imaginables.

Le moindre mal qui puisse d'abord en résulter, Monsieur, c'est le comerce honteux des courtisanes, ce comerce si contraire à la société, *lequel sans*

rem-

remplir l'objet du mariage, n'en repréſente tout au plus que les plaiſirs (a).

Ce mal, il faut l'avouer, que la poligamie ſoit en uſage ou non, eſt un abus dont il n'eſt pas poſſible qu'une grande ville ſe garantiſſe. Auſſi voyons-nous qu'il eſt toléré preſque partout, plus ou moins, & qu'il y a même des états, où non ſeulement on croit devoir fermer les yeux ſur ce déſordre, mais où l'aténtion du magiſtrat va juſ-qu'à l'entretenir. A Veniſe, par exemple, on veille avec ſoin qu'il y ait toujours dans la ville une quantité ſufiſante de filles de joie, & le ſénat plus d'une fois, à ce qu'on aſſure, en a fait venir d'ailleurs des recrues conſidérables, quand il a craint qu'il n'y en eût point aſſez; ſans que l'on doive penſer, que cette conduite, au moins

re-

(a) Lettres Perſanes. Let. CII.

T 2

regardée du côté politique plûtôt que
du moral, foit une tache à l'honeur
de ce corps augufte, s'il eft vrai qu'il
n'en agit de la forte que pour obvier
à des défordres fecrets, bien plus
afreux, qu'aucun pouvoir humain ne
feroit certainement capable de prévenir.

Si donc, Monfieur, ce trifte expe-
dient eft réputé néceffaire dans les pays
où la poligamie n'eft point en ufage;
combien, à plus forte raifon, ne l'eft-
il pas dans les autres, & à quels excès
beaucoup plus grands, beaucoup plus
irrémédiables, y doit-il être porté?
Mais ce qu'il y a de pis, come vous
alez voir, c'eft qu'il n'a pas même,
en ces lieux-là, le foible avantage de
fufire aux vues qui le font tolérer ailleurs. Il n'y peut obvier à rien; &
les impudicités qui outragent la nature,

te, ne s'en débordent pas moins avec toute l'impétuofité poffible. Suivons-les dans leur cours, ou plûtôt dans leurs ravages; & voyons quel a pu être à cet égard le funefte progrès des conféquences.

Dès que dans un état la plûpart des citoyens les plus puiffans, ou même les plus à leur aife, fe furent mis fur le pied de prendre à la fois plufieurs femmes, n'en euffent-ils chacun que deux l'un portant l'autre, vous concevez, Monfieur, qu'il a falu que la moitié du peuple en ait manqué. Mais ce feroit faire grace que de n'en fupofer que deux : de tels abus ne demeurent pas lontems dans des bornes fi modérées; les premieres démarches en genre d'incontinence font bientôt fuivies des derniers emportemens. Ainfi l'on ne tarda furement pas beau-

coup

coup à faire fuccéder à la liberté de deux femmes, celle de dix & celle de trente. On ne tarda guères à voir les grands de l'état faire confifter leur magnificence à en entretenir encore davantage, à l'envie les uns des autres. Il falut donc deflors qu'un petit nombre de femmes, vil rebut des férails, fe chargeaffent de remplir à l'égard du peuple les fonctions de la multitude. Voilà l'origine, ou du moins la néceffité du comerce des courtifanes. En voici maintenant l'inutilité rendue pareillement fenfible.

Le petit nombre de ces courtifanes, petit, vû la foule de ceux au befoin de qui elles fe confacroient, ne manqua pas de produire affez vîte des inconvéniens, qui dûrent en rendre le comerce fort defagréable. Une infinité d'accidens, de défordres, de maladies,

ladies, qui en étoient l'acompagne-
ment inféparable, ne le firent bientôt
envifager que come une extrêmité très
facheufe à la quelle on étoit reduit.
De plus il faut remarquer que les femmes qui reftoient pour cet infame métier, n'étoient, ainfi que je viens de
vous le dire, que le rebut des férails.
Encore aujourd'hui dans l'Afie il n'y
en a point d'autres qui l'exercent. Il
n'y a que celles abfolument que
leur laideur empêche d'y trouver place, ou qui en ont été chaffées après
avoir perdu par l'age le feul mérite
convenable à de pareils féjours. Ajou-
tez à cela que cependant à raifon de
la rareté, & du befoin que l'on a d'elles, ces Laïs-là, Monfieur, ne laif-
fent pas de faire acheter chérement
des repentirs ; je veux dire qu'elles
mettent leurs indignes faveurs à très

T 4

haut

haut prix, bien entendu proportioné-
ment aux facultés des malheureux
qui font dans le cas d'y avoir recours.

Il n'y a donc point à s'étoner fi des
homes, réduits à la dure néceffité du
célibat, fe dégouterent bientôt de cette miférable efpece de dédomagement;
fi après s'être abandonés à de honteufes courtifanes, ils en vinrent à profa-
ner leur propre fexe; s'ils comencerent
à fe proftituer les uns aux autres; s'ils
pousferent enfin la rage jufqu'à fe plonger, après les excès de la fodomie,
dans ceux de l'effroyable beftialité,
de la beftialité, qui ôte au crime
pour lequel tomba jadis le feu du ciel,
l'honeur de tenir la premiere place entre les outrages de la nature; en un
mot, Monfieur, fi la fureur monta
jufqu'à un tel dégré d'abomination,
d'exé-

d'exécration (les termes me manquent) que l'on a vu des nations entieres, chez qui, au raport d'historiens graves, le goût, je ne dis pas seulement pour les homes, mais pour les animaux, même les plus sales, étoit devenu aussi comun que le goût naturel que les deux sexes ont l'un pour l'autre.

Il est vrai que l'on a vu ces détestables usages pratiqués dans des pays où la poligamie n'a point été reçue (*a*): mais c'est qu'ils s'y étoient introduits par le comerce qu'on avoit eu avec d'autres nations, & par le funeste penchant que les homes ont à imiter les exemples les plus odieux, quand il s'agit

(*a*) On fait le proverbe : *Il en est aussi entêté qu'un Italien de sa chevre.* Voyez hist. des Croisades.

T 5

s'agit de volupté ou d'intérêt ; sans compter quelques autres caufes particulieres qui auront peut-être bien pu fufire auffi pour en occafioner l'introduction. Mais il n'en eft pas moins probable, que ce ne peut gueres être qu'à la poligamie, plus ancienne que ces autres caufes, que des ufages fi monftrueux font redevables de leur origine.

Coment ne pas fe le perfuader, Monfieur, fupofé même que les raifonemens que nous-venons de toucher, laiffaffent encore quelques doutes fur ce fujet, coment ne pas fe le perfuader, vous dis-je, quand on les voit conftament, ces déteftables ufages, pouffés à un excès prodigieux dans toute l'Afie & dans toute l'Afrique, où, come l'on fait, la poligamie regne de tems immémorial ? Toutes les

rela-

relations nous affurent, qu'en la plûpart de ces vaftes contrées rien n'eft
plus comun que l'afreufe beftialité parmi les gens de la campagne, furtout
parmi ceux qui font comis à la garde
des troupeaux. Dans les grandes villes ce crime eft moins conu; mais il
eft horible de penfer à quel point la
fodomie y eft porté. C'eft peu que
dans une ville come Ifpahan il fe trouve trente à quarante mille courtifanes:
elles ne fufifent pas à la multitude des
homes qui manquant de femmes ont
recours à ce trifte foulagement. Il faut
encore qu'il y ait un nombre incroyable de jeunes gens qui fe livrent à cette infame profeffion. Il y en a même
d'entretenus pour cet ufage dans des
maifons publiques ; & cela fe pratique dans prefque autant de grandes
villes, que j'en pourois nomer en Afie,

mais

mais plus qu'en aucune autre dans les capitales de la Chine & du Japon, où les gens riches font généralement monter le nombre de leurs femmes beaucoup plus haut que partout ailleurs.

Encore un coup, Monsieur, comment ne pas se persuader que tant d'horreurs ne peuvent avoir leur cause principale que dans le manque de femmes qu'ocasione l'usage, même le plus modéré, de la poligamie? C'est donc une nécessité, que l'on convienne avec moi qu'elles en sont au moins des conséquences indispensables. Et par quel prodige, ces conséquences en pouroient-elles être détachées, puisqu'il n'est que trop certain, que le célibat seul est capable d'en entraîner une bone partie, dans les lieux où le fanatisme ou bien l'indigence des peu-

ples

ples l'ont rendu plus comun qu'il ne devroit être ?

Qui ne fait jufqu'où va la corruption des mœurs à cet égard, dans ces maifons religieufes, deftinées felon leur inftitution à être des temples de continence, & dont la plûpart ne font au vrai que les receptacles de tous les vices ? Ce font les moines & les écléfiaftiques, dit-on, que la fageffe du fénat de Venife a particulierement en vue dans la finguliere conduite dont je vous ai parlé plus haut. C'eft pour leur épargner de plus grands crimes, qu'on juge à propos de leur fournir les ocafions, & jufqu'aux comodités-mêmes de fautes, plus légeres ou plus pardonables à la foibleffe humaine. Les vues du fénat font premiérement de garantir la pudicité des honêtes femmes, en préfentant à la convoitife

de

de ces gens qui vivent dans le célibat,
par métier ou autrement, des objets
dignes d'eux qui les empêchent d'aten-
ter à l'honeur des familles, aux quelles leur profeſſion ne leur done que
trop de moyens de porter ateinte. Il
n'y a pas de doute que ce ne ſoit là ſa
principale intention; mais on peut croire que celle de les éloigner des crimes
contre nature y a beaucoup de part
auſſi. Du moins ſa conduite produit-
elle ce bon effet, que s'il n'y a pas de
pays en Europe où les écléſiaſtiques
faſſent moins de miſtere qu'à Veniſe
de fréquenter les filles de joie, il n'y
en a pas non plus où ils ſoient moins
acuſés de doner dans les autres proſti-
tions, au-lieu que partout ailleurs il
eſt certain que les pratiques non-con-
formiſtes font de prodigieux ravages
dans les couvens. Et ce qui confirme

bien

cette penſée, c'eſt qu'il n'y a point d'ordre religieux plus décrié ſur cet article, que celui, où, come perſone n'ignore, plus de politique & de prudence empêche de ſe comettre étourdiment dans les lieux publics, ou de s'engager dans les intrigues encore plus dangereuſes de la ſéduction particuliere.

Si le célibat volontaire & pieux de la vie monachique produit de pareils effets, il en faut dire autant de celui où quantité de gens ſont retenus par l'indigence qui les met dans l'impoſſibilité de s'établir. C'eſt la ſource d'une infinité de déſordres, aux quels les princes & les magiſtrats ne pouroient remédier qu'en facilitant les mariages le plus qu'il ſeroit en eux. Sans entrer là-deſſus dans un grand détail, je me contenterai de vous rapeler un

trait

trait qui doit fufire pour tout le refte.
Vous favez la fage réponfe que fit
Efope à ce fermier qui confultoit les de-
vins fur ce qu'il naiffoit continuellement
parmi fes troupeaux des monftres à figure humaine. *Donez des femmes à
vos bergers*, lui dit-il. Efope devinoit
jufte, Monfieur. Le célibat forcé,
auquel l'indigence condane une multitude de gens de tous états, ne manque pas d'amener ces horribles fuites,
la beftialité dans les campagnes, la fodomie dans les villes, en général un
déluge d'impudicités. Tel eft partout,
tel eft en toute forte de cas l'effet
qu'on en doit atendre, lorfqu'il eft devenu trop comun, & que des fociétés
d'homes toutes entieres y font mal-
heureufement engagées, ne fut-ce que
pour un tems. Sur les vaiffeaux, dans
les hopitaux, dans les prifons, dans

les

les couvens, dans les colleges même
où l'on inftruit la jeuneffe, fi l'on
n'y aporte toutes les atentions imaginables, enfin de quelque façon que ce
puiffe être, c'eft toujours le même inconvénient. Nous n'avons donc point
lieu d'être furpris, fi cette néceffité du
célibat, où l'ufage de la poligamie réduit prefque tout un peuple, entraîne indifpenfablement avec foi ces indignités, & dans un dégré plus effroyable.

Mais ne croyez pas, Monfieur, que
ce ne foit que par le feul manque de
femmes que la poligamie done naiffance à de pareils défordres. Ne croyez pas
qu'elle n'ait des fuites fi funeftes qu'à l'é-
gard de ceux qu'elle contraint de vivre dans cet afligeant & injufte célibat.
Soyez perfuadé que la multitude de femmes en ocafione elle-même tout autant,

parmi ceux que vous imagineriez qu'elle en devroit le plus garantir. C'eſt ici le comble des horreurs.

Il en eſt dès voluptés charnelles come de celles de la table. Le goût ſe déprave dans les unes & dans les autres à un point incroyable, quand on les porte aux derniers excès. Dans les plaiſirs de l'amour, auſſibien que dans ceux de la bone chere, dès qu'on vient à paſſer une fois les bornes de la nature, & à outrer ſes intentions, il ne faut plus atendre qu'extravagances & que folies. Le charme ſéducteur de la diverſité, prémiere cauſe des débauches de toute eſpece, rend bientôt inſatiable, & ſon effet le plus immédiat eſt de porter les homes à eſſayer de tout ce qui ſe préſente à leur fantaiſie déréglée. Après s'être régorgé des plaiſirs les plus délicats, il faut de toute

toute néceſſité deſcendre à de plus
groſſiers, enſuite aux plus étranges,
enſuite à ce qu'il y a de plus révoltant,
& ce progrès, Monſieur, n'a point
de fin.

Voyez ces voluptueux du ſiecle. Ce
que la table a de plus délicieux ne tar-
de pas à leur paroître inſipide; ils leur
faut des ragouts bizares; ils ne ſavent
plus qu'imaginer, ils voudroient changer les choſes les plus dégoutantes &
juſqu'aux poiſons-mêmes en alimens;
ils ſe repaiſſent avec avidité de mets
auxquels une indigence extrême ne
recourt qu'avec ſoulévement de cœur:
ils ſont à l'égard du boire dans le même embaras; les vins les plus parfaits
ont perdu pour eux leur ſaveur; les
liqueurs ordinaires n'ont plus de force; il faut que la chimie raſſemblant
ce que ſon art a de plus funeſte, tra-

V 2

vail-

vaille à leur compofer des breuvages brulans, plus deftructeurs que les eaux infernales de l'Achéron.

La même fureur, Monfieur, poffede ceux qui n'ont cherché dans l'ufage des femmes, que la honteufe fatisfaction d'un plaifir brutal, & non à remplir les fages intentions de la nature. Cette mere équitable & indulgente ne fait point un crime de fe livrer jufqu'à un certain point aux douces fenfations qu'elle préfente elle-même; mais elle y a mis des bornes, & elle punit févérement ceux qui ofent enfraindre les loix inviolables qu'elle a dictées. D'abord elle leur enleve le plus précieux de fes dons, l'aimable fenfibilité du cœur, qui eft après la vertu l'unique fource de la volupté parfaite. Auffi-tôt que le cœur a ceffé d'être de la partie,

tie, on n'éprouve plus dans les vains tranſports dont on eſt agité, qu'un vuide afreux, & des inquiétudes qu'aucune jouiſſance n'a le charme d'adoucir. On eſt réduit à chercher dans la multitude & dans la variété la partie la plus groſſiere d'un plaiſir, dont l'eſſence & l'ame, pour ainſi dire, ont diſparu. Mais cette multitude & cette variété fatiguent bientôt. Elles fatiguent, elles épuiſent, ſans que le fonds d'incontinence ſoit épuiſé pour cela. Les beautés les plus touchantes deviennent ſans apas. On brule auprès d'elles de mille feux qu'elles ne peuvent éteindre, parceque ce ne ſont point elles qui les alument. Il faut des objets nouveaux; & la même froideur ne ceſſant de ſurvenir à leur égard, il en faut enfin d'une nature toute diférente. Il faut chercher dans

V 3

un

un autre ſexe, il faut chercher juſques dans le comerce des animaux-mêmes les plus [dégoutans & les plus ſales, des plaiſirs que tous les charmes de la Circaſſie ne ſont plus capables de procurer.

Telle eſt, Monſieur, l'inconcevable frénéſie des homes. Que la fougue du tempérament pouſſe à ces indignités un miſérable qui ne peut ſatisfaire l'inſtinct que la nature a mis en lui, il n'y a point à s'en étoner, quoiqu'on ne puiſſe en ſoutenir la penſée ſans effroi. Mais qu'au milieu d'un ſérail nombreux rempli des objets les plus raviſſans, raſſemblés avec ſoin des quatre coins de l'univers, un riche voluptueux puiſſe ſe livrer à ces gouts infames, qu'il puiſſe tomber dans ce comble de dépravation de toutes les facultés qui conſtituent l'home, c'eſt ce qu'on qu'on n'imagineroit jamais, si l'expérience ne l'avoit apris. Néamoins, non seulement le fait est très avéré, mais c'est que je ne sais même si je ne dois point me dédire de ce que j'ai avancé plus haut. Non, Monsieur, il n'est point trop sûr que ce soit ces malheureux privés du légitime usage des deux sexes, qui les premiers ayent introduit dans le monde de pareilles abominations. Il faut convenir qu'il y a quelque lieu d'en douter, quand on voit que des voluptueux comblés de toutes les faveurs de l'amour, ne leur en cédent point en emportement, dans la pratique des impudicités les plus exécrables que l'enfer ait jamais vomies.

Aureste l'un & l'autre revient au même. C'est toujours une vérité constante que ces exécrables impudicités

V 4

font

font des fuites ou des acompagnemens néceffaires de la poligamie. C'eft tout ce que j'ai voulu vous démontrer, Monfieur, dans cette lettre. La même conféquence n'eft pas moins affurée à l'égard de la mutilation des homes, qui fera le fujet de la fuivante, & qui nous ofrira d'autres objets d'horreur auffi propres à caufer notre jufte indignation.

LET-

LETTRE XVII.

EUDOXE.

*Seconde suite funeste de la poligamie.
C'est d'ocasioner la mutilation d'un nombre considérable d'homes, destinés à la
garde des sérails. Digression sur l'emploi bien plus criminel qu'on fait des
eunuques en Italie.*

VOyons, Monsieur, coment l'usage de la poligamie entraîne l'emploi des eunuques, & coment il a pu
même très vraisemblablement doner
naissance à cette cruelle pratique de la
mutilation, à la honte & au détriment
infini du genre humain.

Un seul home possede dix, quinze,
vingt, tant femmes que concubines,
plus ou moins: car ce sont les riches-
ses qui en décident, & partout où la
poligamie fait tant une fois que d'être

V 5

per-

permife, il n'y faut point chercher de modération ; auffi ne voit-on pas, come je l'ai déjà dit, qu'il y en ait en aucun endroit fur cet article. Cet home, Monfieur, au milieu de tant de cœurs auxquels il partage le fien, n'en eft pas moins agité de tous les mouvemens ordinaires de la jaloufie. Il prétend que tous ces cœurs foupirent pour lui, & ne foupirent que pour lui feul. Il veut encore moins courir le rifque de partager avec d'autres les plaifirs qu'il fe réferve. Mais fi un home qui ne poffede qu'une feule femme, pour qui il a l'amour le plus tendre, n'eft pas avec cela trop fûr quelquefois de fon retour & de fa fidélité, combien cet home, dont la tendreffe eft répartie entre tant de femmes peu fatisfaites, doit-il l'être beaucoup moins du retour & de la fidélité de chacune

d'eld'elles ? Il n'a donc d'autre parti à prendre, que de les faire vivre dans une dure captivité, en leur interdifant toute forte d'habitude avec d'autres hommes ; & c'eft auffi la conduite que l'on tient généralement, dans tous les pays où la poligamie eft en ufage.

Mais à qui, Monfieur, cet home jaloux confira-t-il la garde de ces lieux, qui renferment des tréfors & fi chers & fi fragiles ? Sera-ce à des valets & à des efclaves qui atenteront eux-mêmes à l'honeur de leur maître, & dont ces femmes, fuffent-ils les plus noirs de tous les Négres, ou les Calmouks les plus hideux, ne feront que trop difpofées à fe fervir, par inclination ou par vangeance, au défaut d'amans plus diftingués ? Sera-ce donc à d'autres femmes ? Autre inconvénient. Ces

der-

nieres, ou elles jouiront de toute liberté, ou elles n'en jouiront pas. Si
elles en font privées, je demande qui
gardera les gardiennes-mêmes; & fi elles en ont, qui poura s'affurer qu'elles
n'en abuferont pas tôt ou tard? Tien-
dront-elles lontems contre les folicitations, les careffes & les prieres du dedans, furtout contre les ataques bien
plus puiffantes, & bien plus redoutables du dehors, je veux dire les grati-
fications & les préfens? Non fans
doute; & pour s'en défier à jufte titre, il n'étoit pas néceffaire d'avoir les
exemples de ces duegnes d'Efpagne &
d'Italie, qu'on affure n'être rien moins
qu'incorruptibles, même dans un age
dont une dure & intraitable auftérité
fembleroit être le partage.

Aparemment, Monfieur, que dans
un pareil embaras quelque maître barbare

bare & inhumain, soit par précaution,
soit pour punir de premiers atentats,
s'avisa de mutiler tous ses esclaves,
afin de les rendre plus propres à la garde de ses femmes, & de n'en avoir
plus rien à craindre. L'expédient, par
raport au danger de la séduction étran-
gere, n'étoit pas encore bien infaillible; mais au moins c'étoit le meilleur
parti, & le plus sûr qu'il y eût à prendre, ainsi que l'événement l'a jus-
tifié.

On s'est convaincu depuis, Monsieur, que les eunuques sont admirables dans l'usage de seconder les soins,
& de tranquiliser les inquiétudes d'un
mari jaloux. Vil rebut des deux sexes
dont ils sont également méprisés, ils
les haïssent également l'un & l'autre;
& dans cette afreuse condition où ils
sont réduits, ils n'ont point de passion
plus

plus douce que celle de mortifier chacun d'eux, mais surtout de tiranifer le plus foible autant qu'ils peuvent. Cette forte d'empire qu'ils exercent fur les femmes qui font confiées à leur vigilance, fait l'unique fatisfaction de leur vie. C'eft toute leur gloire, toute leur ambition. Auffi remarque-t-on qu'ils ne font pas feulement les miniftres de la jaloufie du maître : ils en font eux-mêmes poffédés, pour ainfi dire, autant & plus que lui. Les mêmes mouvemens les animent, les mêmes foucis les aiguillonent; la même ardeur à faire fentir le poids de leur autorité, la même joie à contenir le dedans dans un trifte devoir, une joie peut-être encore plus grande à déconcerter les entreprifes du dehors. C'eft, Monfieur, ce qui rend leur fidélité la plûpart du tems à toute épreuve. D'ail-

leurs

leurs ils jouiffent de beaucoup de co-
modités dans le férail; & come ils ne
tiennent point à des parens & à une
famille, ce qu'ils pouroient aquérir
par les libéralités des féducteurs, n'a
par cet endroit-là rien de fort atrayant
pour eux, n'ayant jamais à penfer qu'au
préfent & nulement à des établiffe-
mens futurs. Tout cela, mais par
deffus tout, je le répete, leur animo-
fité naturelle & leur haine contre les
deux fexes, tout cela, vous dis-je,
fait que le maître lui-même, multiplié
autant qu'il a d'eunuques, s'aquiteroit
à peine auffi bien qu'eux, du devoir
de gêner les défirs de ces femmes in-
fortunées, & de faire évanouir tous
les projets de leurs amans.

Voici, Monfieur, une peinture admirable de cette finguliere tournure
d'efprit des eunuques. C'eft l'un d'entre

tre eux qui parle, ou que fait parler un illuſtre auteur moderne, l'auteur des *Lettres Perſanes*. Quoique vous ayez déjà vû ſans doute ce morceau, vous ne ſerez peut-être pas faché de le retrouver en cet endroit.

„ Je me ſouviens toujours, " dit le principal miniſtre de la jalouſie d'Uſ-
bek (*a*), „ je me ſouviens que j'é-
„ tois né pour comander aux femmes;
„ & il me ſemble que je redeviens
„ home dans les ocaſions où je leur
„ comande encore. Je les hais de-
„ puis que je les enviſage de ſens
„ froid, & que ma raiſon me laiſſe
„ voir toutes leurs foibleſſes. Quoi-
„ que je les garde pour un autre, le
„ plaiſir de me faire obéir me done
„ une joie ſecrette: quand je les pri-
„ ve

______

(*a*) Lettre VII, ou IX dans quelques édi-
tions.

„ ve de tout, il me semble que c'est
„ pour moi, & il m'en revient tou-
„ jours une satisfaction indirecte. Je
„ me trouve dans le sérail come dans
„ un petit empire; & mon ambition
„ la seule passion qui me reste se sa-
„ tisfait un peu. Je vois avec plaisir
„ que tout roule sur moi, & qu'à tous
„ les instans je suis nécessaire: je me
„ charge volontiers de la haine de
„ toutes ces femmes qui m'afermit
„ dans le poste où je suis. Aussi n'ont-
„ elles pas afaire à un ingrat : elles
„ me trouvent au devant de tous leurs
„ plaisirs les plus inocens, je me pré-
„ sente toujours à elles come une
„ bariere inébranlable : elles forment
„ des projets, & je les arète soudain :
„ je m'arme de refus; je me hérisse de
„ scrupules; je n'ai jamais dans la
„ bouche que les mots de devoir, de

Tom. I.   X   „ vertu,

„ vertu, de pudeur, de modeſtie: je
„ les déſeſpere en leur parlant ſans
„ ceſſe de la foibleſſe de leur ſexe &
„ de l'autorité du maître: je me plains
„ enſuite d'être obligé à tant de ſévé-
„ rité, & je ſemble vouloir leur faire
„ entendre que je n'ai d'autre motif
„ que leur propre interêt & un grand
„ atachement pour elles. ”

Ajoutons à ce que j'ai déjà touché
ci-deſſus, Monſieur, deux avantages
bien conſidérables que l'emploi des
eunuques ſe trouve avoir ſur celui des
duegnes. C'eſt premiérement d'être
plus propres par la force du corps à
rendre dans le ſérail, ſoit dans les apar-
temens, ſoit dans les jardins, tous les
ſervices imaginables, les plus pénibles
auſſibien que les plus faciles. Enſuite
c'eſt d'être auſſi beaucoup plus propres, par quelque reſte de courage
viril,

viril, à repousser à main armée les ataques du dehors: j'entens parler ici de
ces ataques proprement dites, qu'au
deffaut de la séduction, des amans
désespérés, ou des troupes de furieux,
osent quelquefois entreprendre, ainsi
que je vous l'ai dit dans ma der-
nière.

Cet expédient, de se servir d'eunuques pour la garde des femmes, ne
manqua donc pas de paroître tout des
plus avantageux aux yeux de la jalousie; particuliérement depuis que l'expérience en eut fait conoître à fond l'u-
tilité. Ainsi l'on ne doit point s'étoner si l'usage s'en est multiplié d'une
façon si prodigieuse, ni qu'il ait été
porté par la suite à un excès presque
incroyable; au point, Monsieur, que
c'est un fait que tel asiatique qui a trente femmes, a souvent pour le moins

autant d'eunuques, & quelquefois le double pour les garder. Il y en a de toutes les couleurs & de tous les pays. En Turquie les blancs, qui font ordinairement européens, fervent à la garde extérieure du férail, come à tous les emplois qui ne demandent pas qu'ils aprochent des femmes, auxquelles il leur eft deffendu de fe laiffer voir, ou de parler fous peine de la vie. Les eunuques noirs font africains, & on les choifit non feulement les plus noirs, mais les plus hideux qu'il eft poffible. Ce font ceux-là feuls qui ont le privilege d'aprocher des femmes, pour les fervir à table & au bain, & pour les conduire dans le lit du maître. La multitude des uns & des autres eft exceffive, en Turquie, en Perfe, en Arabie, au Mogol, à la Chine, &c, & ne peut manquer d'être telle, puif-

que

que c'eſt dans leur nombre, auſſibien
que dans celui des femmes, que l'on
fait principalement conſiſter le faſte
dans toute l'Aſie. Quelle horrible injure! quel tort cette abominable coutume ne fait-elle pas à la ſociété!
Sans parler, Monſieur, de la barbarie d'un traitement ſi indigne, où l'on
dégrade l'humanité d'une maniere hon-
teuſe! Mais ſi cependant il eſt mani-
feſte que cette coutume eſt indiſpen-
ſablement liée avec la poligamie, &
que le bon ſens & la raiſon ne peuvent pas permettre de les ſéparer un
ſeul moment; de quel œil devons-nous,
je vous prie, enviſager la cauſe qui
a produit tant de maux, & qui tant
qu'elle ſubſiſtera ne manquera pas d'en
entretenir dans le monde la malheureuſe néceſſité?

Quoique ce que je vais ajouter, ne

puiſſe

puiſſe peut-être ſervir que d'un ſujet
de triomphe à nos adverſaires, aux
enñemis de notre ſainte religion, je
ne puis m'en taire, Monſieur, ni demeurer maître d'un mouvement que
j'ai déja ſenti mille fois en d'autres
rencontres. Il ne s'agit point ici de
de la poligamie. C'eſt elle à la vérité
qui a introduit l'uſage de mutiler des
homes; c'eſt elle au moins qui le con-
ſerve & le conſervera toujours parmi
les infideles. Mais devoit-on s'atendre que des nations ſur leſquelles le
nom du Seigneur a été ſaintement in-
voqué, adopteroient un uſage ſi déteſtable? Devoit-on craindre qu'un tel
comble de barbarie & d'inhumanité,
pût entrer dans le cœur de parens
chrétiens, & les rendre eux-mêmes les
boureaux de leurs propres enfans?
Devoit-on ſoupçoner, qu'en Italie, ce

pays

pays qui prétend être par excellence
le ſiege du chriſtianiſme, & où réſide
celui qui ſe dit le pere comun des vrais
croyans, & le vicaire de Jeſus-chriſt
ſur la terre, devoit-on ſoupçoner,
dis-je, qu'à ſa propre cour, & pour
ſon propre uſage, s'introduiroit la
monſtrueuſe & exécrable coutume
de mutiler de tendres enfans, qui
n'ont point encore apris à ſe conoître?

Et quel eſt cependant le but, quel
eſt l'important objet d'une pareille
barbarie? S'agit-il du ſoin de conſer-
ver ſon honeur, de s'aſſurer de la fidélité de ſes femmes, de ſatisfaire ſans
riſque une paſſion auſſi tiranique que
l'amour, *une paſſion puiſſante come la
mort & cruelle come le ſépulcre*, pour
me ſervir de l'énergique expreſſion de
l'écriture? S'agit-il de ſe calmer, de

X 4

ſe

fe précautioner contre les impétueux tranfports de la jaloufie? Non; rien moins que tout cela. Du moins, Monfieur, ces motifs-là font affez forts pour mettre quelque aparence de raifon, s'il étoit poffible, dans la conduite de tous ces cruels orientaux. Mais dequoi s'agit-il parmi les chrétiens? J'ai honte de le dire. Il n'eft queftion que du chétif plaifir des oreilles, & de je ne fais quelle perfection, peut-être imaginaire, dans la voix des muficiens. C'eft pour que dans un concert un ton de fauffet prédomine fur le refte; c'eft pour fe doner cette miférable efpece de divertiffement, d'entendre des voix bien claires & bien perçantes, que l'on tolere, que dis-je, que l'on autorife même que des peres & meres, indignes de ce nom, dégradent de la qualité d'homes de jeu-

jeunes enfans de cinq à six ans, en qui l'on a par malheur reconu quelques favorables difpofitions pour la mufique. Vous favez que rien n'eft plus comun, dans toute l'Italie, & dans Rome, que cette exécrable coutume. De même que tout férail en Turquie a fes eunuqnes; en Italie tout palais, & ce qui eft plus odieux, toute églife a les fiens. Come fi ces voix pénétrantes étoient plus capables de percer les cieux, on a le front de les employer jufques dans les himes & les cantiques que l'on chante en l'honeur du tout-puiffant: mufique impie, qui doit bien plûtôt, Monfieur, atirer fa colere & fon indignation !

Mais finiffons cette digreffion, & difons pour rentrer dans notre fujet, que fi cette coutume de quelques nations chrétiennes fait horreur, c'eft en-

core

core en quelque forte à la poligamie qu'on a droit de s'en prendre, puif-que c'eſt elle qui en introduiſant l'u-ſage des eunuques, ou en en multipliant le nombre avec excès, aura doné ſans doute ocaſion d'obſerver que la voix de ces miſérables devenoit plus agréa-ble & plus parfaite; ce qui aura ſufit, Monſieur, pour porter dans la ſuite le mal à un excès beaucoup plus grand.

A V I S.

Lorsque la préface qui eſt à la tête de cet
ouvrage parut ſéparément, il y a trois
mois, come on ne ſavoit pas encore bien
au juſte quel pouroit être le contenu de
chaque volume, on ne le ſpécifia point
dans la table des ſomaires qui y eſt jointe. On peut à l'heure qu'il eſt ſatisfaire
à cet égard la curioſité du lecteur. Il
vient de voir ce que contient le premier
volume : le ſecond renfermera les ſeize
lettres ſuivantes, c'eſt-à-dire juſqu'à la
trente-troiſieme incluſivement: le reſte,
juſqu'à la quarante-huitieme & derniere
lettre, compoſera le troiſieme volume;
& la concluſion fort retouchée, & con-
ſidérablement étendue, ſelon que le demande l'important objet qu'on s'y propoſe, fera ſeule la matiere du quatrieme,
non plus ſous la forme de lettres, mais
ſous celle de réflexions ou de diſcours
ſuivi, ainſi qu'on l'annonce dans la préface.

Le lecteur, à qui ce premier eſſai auroit eu le bonheur de ne pas déplaire,

eſt

eſt prié de ſe ſouvenir de la promeſſe qu'a fait l'auteur, *de ménager les choſes de façon, que l'intérêt alât toujours en augmentant de chaleur & de vivacité juſqu'à la fin.* Quant à ceux ſur qui les dificultés à reſoudre dans ce qui ſuit, feroient une impreſſion ſi vive qu'elle vînt croiſer juſques dans le jugement qu'ils porteront de ce premier volume, on les prie de penſer qu'il doit y en avoir trois autres, bien complets, lesquels devant être emploiés à quelque choſe, pouroient bien l'être juſtement à lever ces embaras, fut-ce à l'époque même de la concluſion, puiſqu'enfin il n'eſt pas poſſible de dire tout en chaque endroit.

Il ne reſte qu'à remercier les perſones dont le concours généreux procure l'édition de cet ouvrage. On n'en n'inſérera point ici la liſte, come de coutume, parce qu'un bon nombre de Dames ont déſiré de ne point paroître. Mais on n'a garde de ne ſe point faire honeur aux yeux du public d'un témoignage d'aprobation dont on a infiniment lieu d'être flaté. C'eſt celui de la ſouſcription una-

nime

nime de vingt-sept de Messieurs les Pasteurs François, assemblés il y a quelques semaines au Synode de Schiedam. Nouvelle obligation pour l'auteur de ne se départir jamais des sentimens de sa préface, qui lui ont mérité l'estime des persones les plus respectables & les plus pieuses.

Fin du premier volume.